Gudrun Dausacker, Matthias Schmitt

Das coole Rhythmus-Training

Handlungsorientierte Arbeitsblätter für das gemeinsame Musizieren

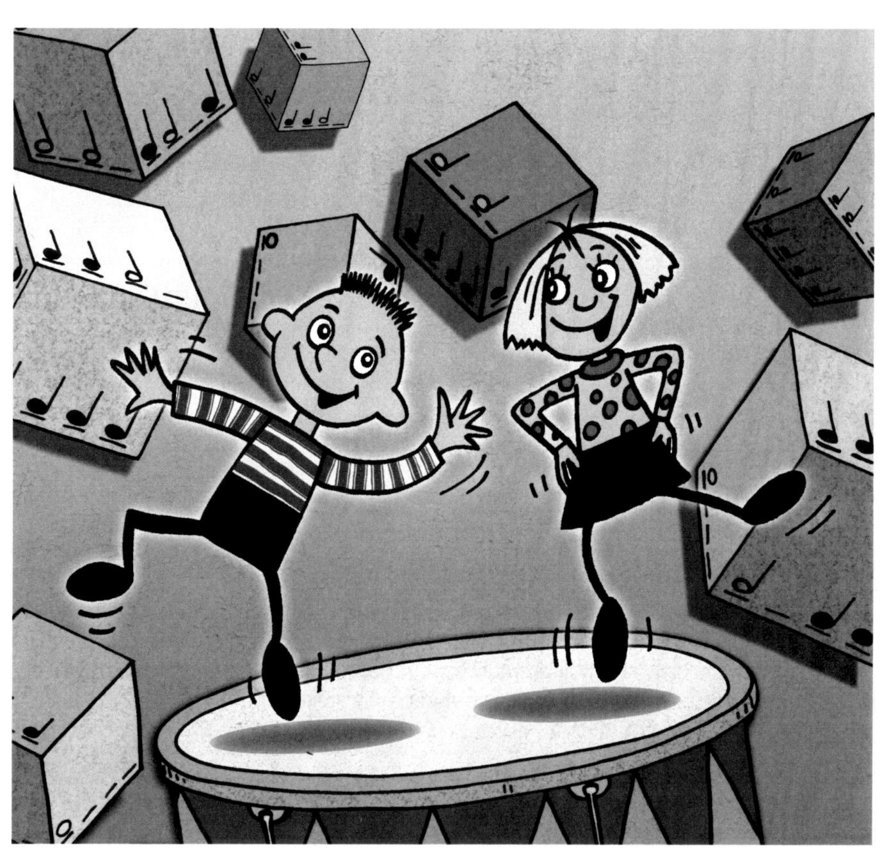

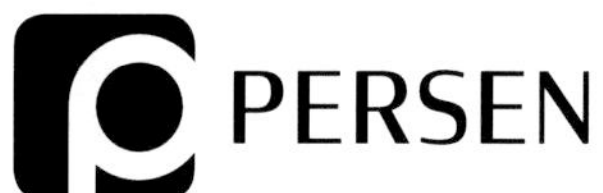

Die Autoren

Gudrun Dausacker ist eine erfahrene Grundschullehrerin.

Matthias Schmitt ist gelernter Pädagoge. Er arbeitet als Komponist und Autor. Außerdem ist er Leiter einer privaten Musikschule.

Gedruckt auf umweltbewusst gefertigtem, chlorfrei gebleichtem und alterungsbeständigem Papier.

2. Auflage 2020

Grafik: Stefan Lucas
Satz: Satzpunkt Ursula Ewert GmbH

ISBN: 978-3-403-23512-5

www.persen.de

Inhaltsverzeichnis

Inhaltsverzeichnis

Das Konzept im Überblick

Mithilfe dieses Buches können Kinder ab der 1. Klasse ein grundlegendes Repertoire an verschiedenen Rhythmen erwerben. Grundlage dafür bilden sechs verschiedene Rhythmus-Würfel, die einfache rhythmische Bausteine enthalten. So erarbeiten die Schüler[1] eine kindgerechte Rhythmussprache.
Alle Rhythmus-Würfel sind als Bastelvorlage enthalten, sodass zu Beginn jedes Kapitels am besten jeder Schüler sich seinen eigenen Rhythmus-Würfel bastelt.

Begleitet von den Identifikationsfiguren Pit und Patti können die Schüler in vielfältige musikalische Aktionen treten und sowohl allein als auch gemeinsam musizieren.
Bereits nach kurzer Zeit erwerben die Kinder erste Einblicke in die Grundprinzipien der Musik und werden selbst kreativ tätig. Neben einem Zuwachs an musikalischem Wissen erweitern die Schüler ihre sozialen Kompetenzen und erleben Freude am gemeinsamen Musizieren.

Umsetzung und Anwendung in der Schule

Dieses Buch kann ab der 1. Klasse eingesetzt werden und eignet sich auch für heterogene Gruppen (Jahrgangsmischung/inklusive Beschulung).
Inhaltlich orientiert es sich am Lehrplan Musik für die Grundschule.

Dieses Buch funktioniert mit und ohne Instrumente und hat einen hohen Aufforderungscharakter. Sie können es als Grundlage für ganze Musikstunden oder auch für kleine Musik-Einheiten im Morgenkreis oder bei Stundenwechseln nutzen. Ein Einsatz zur Rhythmisierung des Unterrichtstages oder zum Einschub von Bewegungsphasen ist ebenfalls möglich. Auch können Sie dieses Buch nutzen, um Konzentration und Arbeitsruhe in einer Klasse wieder herzustellen.

Die Rhythmen werden kleinschrittig eingeübt. Die Schüler gestalten ihre Übungsstücke mithilfe der Würfel selbst. Die Ergebnisse der Arbeit können z. B. als Ensemblestücke auf Schulfesten präsentiert werden.

[1] Wir sprechen hier wegen der besseren Lesbarkeit von Schülern bzw. Lehrern in der verallgemeinernden Form. Selbstverständlich sind auch alle Schülerinnen und Lehrerinnen gemeint.

Ziele dieses Buches

a) Erwerb sozialer Kompetenzen
- Lernen mit- und voneinander
- Ideen diskutieren und gemeinsam entwickeln/Teamgeist
- Verantwortung übernehmen
- sich in eine Gruppe integrieren

b) Erwerb musikalischer Kompetenzen
- Rhythmusgefühl entwickeln
- Elementares Komponieren
- Gehörbildung
- Musizieren allein und in der Gruppe

c) Erwerb musikalischer Inhalte
- Mehrstimmiges Spiel von Anfang an
- Erlernen einer spezifischen Rhythmussprache
- Rhythmisches Sprechen
- Bodypercussion-Spiel, Einsatz von Orff-Instrumenten
- Beidhändiges Spiel, Trommeln
- Notenwerte wie Ganze-/Halbe-/Viertel-/Achtelnoten und Pausen erlernen
- 4/4- und 3/4-Takt kennenlernen und spielen

d) Freude an Musik finden
- am gemeinsamen Musizieren
- am kreativen, schöpferischen Umgang mit Musik

e) Schaffung von Lerngrundlagen
- Verbindung von Sprache und Rhythmus (Silbe als Taktteil und als rhythmische Einheit der Sprache erkennen und verwenden)
- Beidhändig musizieren (Verbindung der Gehirnhälften)
- Koordinationsschulung
- Konzentrationsstärkung
- Ausdauer/Durchhaltevermögen
- Emotionales Lernen (Selbstbewusstsein entwickeln, erfolgreich lernen, im Einklang mit anderen spielen, Freude empfinden)
- Schulung von motorisch-sensorischen Fähigkeiten (Körperbewusstsein)

Methodische Umsetzung

a) Kennenlernen der ersten Rhythmus-Kärtchen (Kapitel 1)
- Kinder lernen die Figuren Pit und Patti kennen
- Lehrer spricht die Rhythmussilben der ersten Rhythmus-Kärtchen vor (S. 7, 8), Kinder sprechen nach

- Echosprechen/Imitation: laut – leise, langsam – schnell, eine Gruppe laut, die andere leise, Kind spricht vor, Klasse spricht nach ...
- Schreibweise anhand der ersten beiden Rhythmus-Kärtchen kennenlernen
- Verschiedene Spielmöglichkeiten
- Spielen der erarbeiteten Rhythmus-Kärtchen auf Körperinstrumenten oder vorhandenem Instrumentarium, Kinder sprechen zuerst mit, sprechen leiser, sprechen nur in Gedanken
- Spielen von ersten Rhythmusfolgen: Jedes Rhythmus-Kärtchen ist mehrmals vorhanden, Kinder legen beliebige Folgen in unterschiedlicher Zusammensetzung und Länge
- Kinder erstellen eigene Folgen und notieren sie/kleben sie auf
- Kinder präsentieren ihre Ergebnisse der Klasse

b) Vorstellung des Rhythmus-Würfels 1

- Lehrer stellt Rhythmuswürfel vor
- Jeder Schüler bastelt seinen eigenen Rhythmus-Würfel
- Üben der einzelnen Seiten, Kinder würfeln (Spielcharakter, Zufallsprinzip)
- Kinder würfeln mit mehreren Würfeln und stellen Rhythmusfolgen zusammen: Zufällige aber auch geplante Anordnungen sind möglich.
- Würfel werden aneinandergeschoben und immer die Oberseite (im Sitzkreis) oder Vorderseite (Würfel wird auf einem Tisch präsentiert – frontal) gespielt. Auch das gleichzeitige Spielen der Oberseite (Kinder stehen und schauen von oben) und der Vorderseite (Kinder sitzen) ist möglich.
- Die kreativen Ideen der Kinder für weitere Gestaltungsmöglichkeiten aufnehmen

c) Möglicher Einsatz des Rhythmus-Würfels 1

- Folge: Aneinanderreihung mehrerer Würfel
- Turm: gleichzeitiges Spielen mehrerer Würfelseiten
- Mauer: gleichzeitiges Spielen mehrerer Rhythmusfolgen
- Verschiedene Kombinationen aus Folge, Turm und Mauer

Alle weiteren Würfel werden nach diesen Prinzipien vorgestellt und eingeübt. Dabei entstehen vielfältige Eigenkompositionen der Kinder, die als eigenständige Stücke, aber auch als Liedbegleitung gespielt werden können.

d) Differenzierungsmöglichkeiten

Von Anfang an besteht die Möglichkeit, jedem Kind auf seinem Niveau die passende Würfelseite anzubieten, bzw. jedes Kind seinen Rhythmus finden und spielen zu lassen. Das Konzept hat sich in jahrgangsreinen, jahrgangskombinierten und in inklusiven Klassen bewährt.

e) Material

Die Bastelvorlagen für die Rhythmus-Würfel befinden sich jeweils am Anfang der Kapitel. Die Vorlagen können auf Tonpapier oder farbiges Kopierpapier (DIN A4, 120 g oder 140 g) kopiert und von den Kindern gebastelt werden.
Für den Einsatz im Klassenverband eignen sich stabile Kartonwürfel (Kantenlänge ca. 10 cm) aus dem Bastelbedarf, die der Lehrer herstellt.

f) Hinweise für die Lehrkraft

Kapitel 3, S. 61, Dschungel-Musik:
Nachdem die Schüler jedem Instrument einen Rhythmus zugeordnet haben, gibt es verschiedene Möglichkeiten des Zusammenspiels:

- Die Kinder tauschen die Rhythmen untereinander aus.
- Die Kinder nehmen nacheinander den Rhythmus eines Mitspielers auf, bis alle einstimmig spielen und in umgekehrter Reihenfolge.
- Die Kinder setzen nacheinander ein, spielen ihren Rhythmus weiter und hören unterschiedlich auf.
- Einsatz und Ende eines Rhythmus' kann von dem Lehrer oder einem Schüler angezeigt werden.
- Die Dynamik (laut und leise spielen) der einzelnen Rhythmen kann vom Lehrer oder Schüler durch Handzeichen (z. B.: Hand heben – laut, Hand senken – leise) angezeigt werden.

g) Noten und Pausen

In diesem Buch lernen Ihre Schüler folgende Noten und Zeichen kennen:

♩ = Ta
𝅗𝅥 = Ta - an
𝅝 = Ta - a - a - an
♫ = Ti - ti
♩. ♪ = Ta - i - ti
𝄽 = Sch

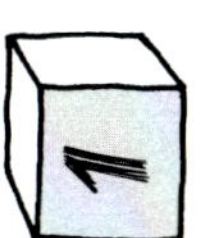

Rhythmus-Würfel 1

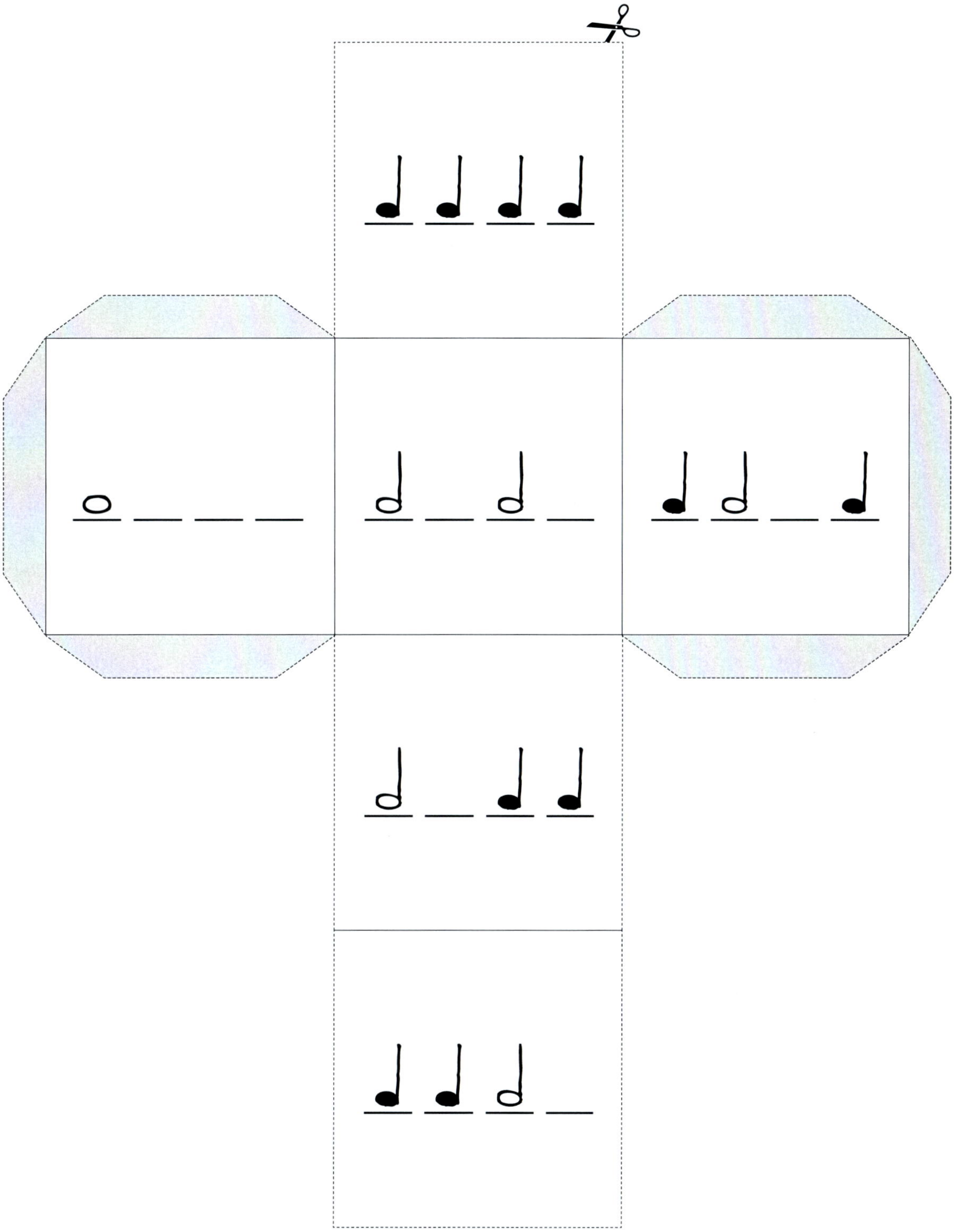

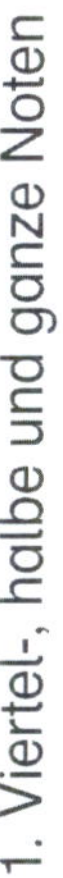

Rhythmus-Kärtchen 1

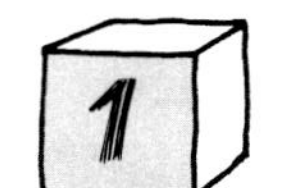

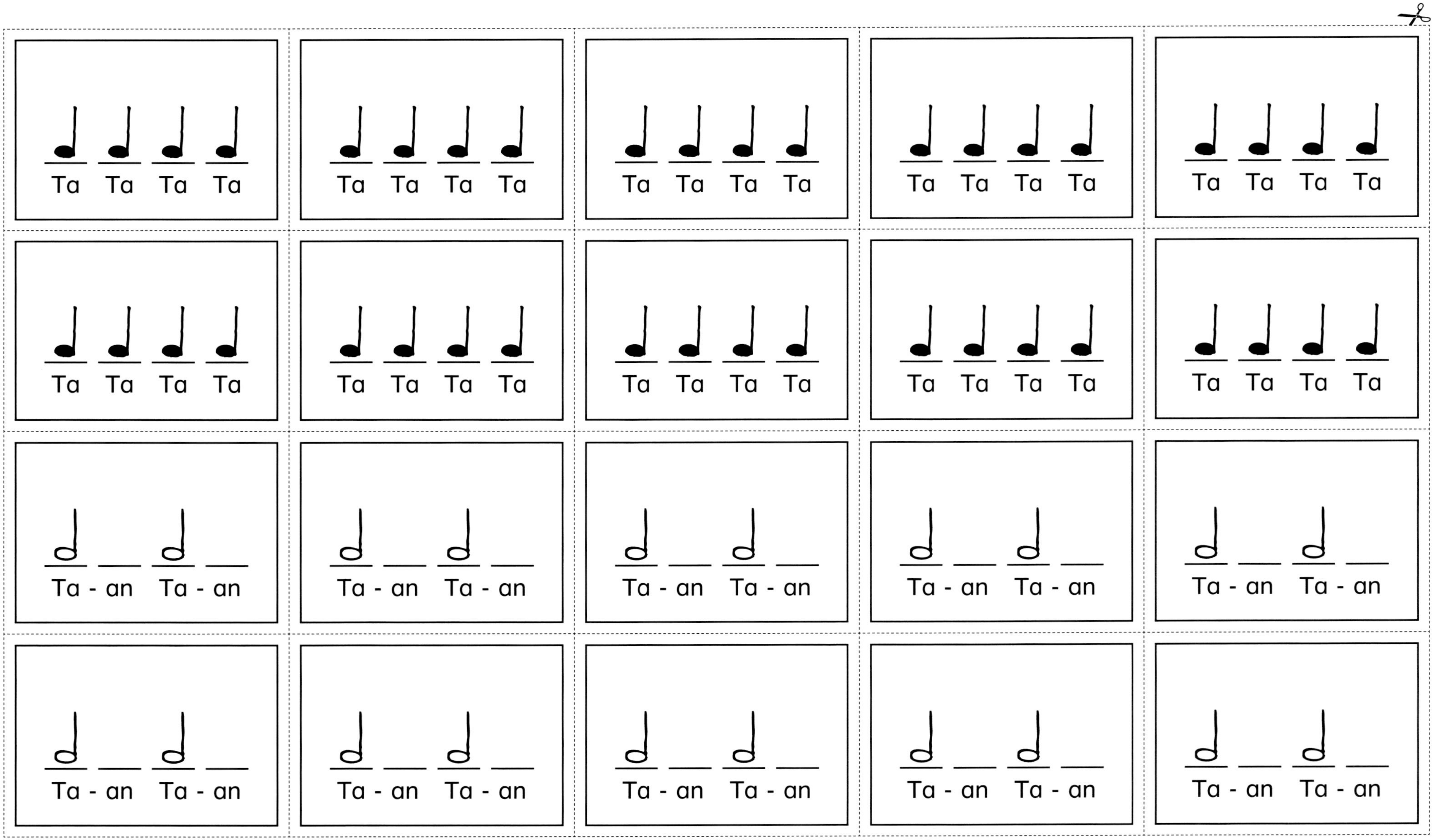

Ta Ta Ta Ta	Ta Ta Ta Ta	Ta Ta Ta Ta	Ta Ta Ta Ta	Ta Ta Ta Ta
Ta Ta Ta Ta	Ta Ta Ta Ta	Ta Ta Ta Ta	Ta Ta Ta Ta	Ta Ta Ta Ta
Ta - an Ta - an	Ta - an Ta - an	Ta - an Ta - an	Ta - an Ta - an	Ta - an Ta - an
Ta - an Ta - an	Ta - an Ta - an	Ta - an Ta - an	Ta - an Ta - an	Ta - an Ta - an

Rhythmus-Kärtchen 2

Ta - an Ta Ta	Ta - an Ta Ta	Ta - an Ta Ta	Ta - an Ta Ta	Ta - an Ta Ta
Ta - an Ta Ta	Ta - an Ta Ta	Ta - an Ta Ta	Ta - an Ta Ta	Ta - an Ta Ta
Ta Ta Ta - an	Ta Ta Ta - an	Ta Ta Ta - an	Ta Ta Ta - an	Ta Ta Ta - an
Ta Ta Ta - an	Ta Ta Ta - an	Ta Ta Ta - an	Ta Ta Ta - an	Ta Ta Ta - an

1. Viertel-, halbe und ganze Noten

Rhythmus-Kärtchen 3

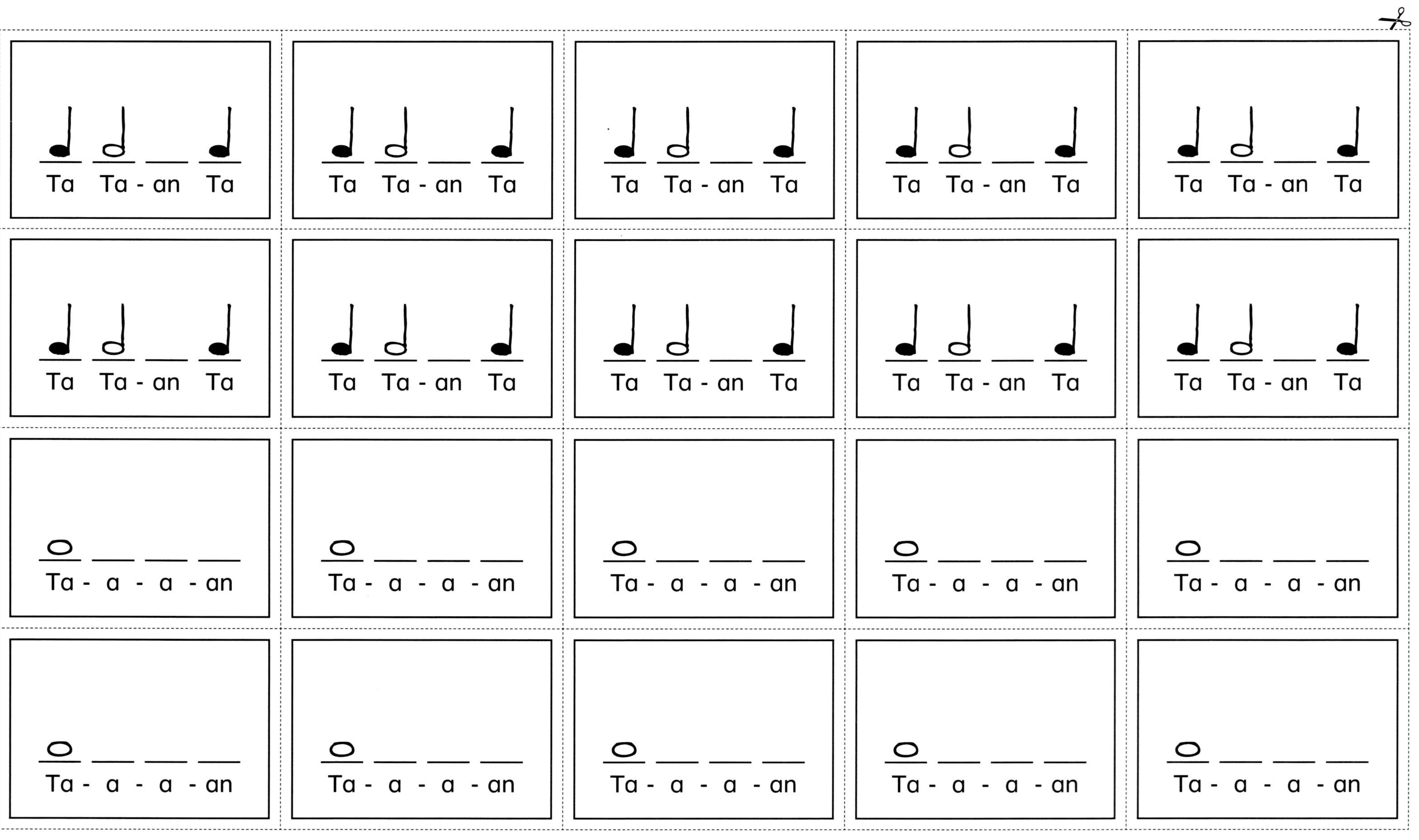

Rhythmus sprechen und klatschen

Hallo! Wir sind Pit und Patti.
Wir haben dir den **Rhythmus-Würfel 1** mitgebacht. Mit ihm kannst du Musik machen!
Hier siehst du die ersten beiden Seiten des Rhythmus-Würfels.

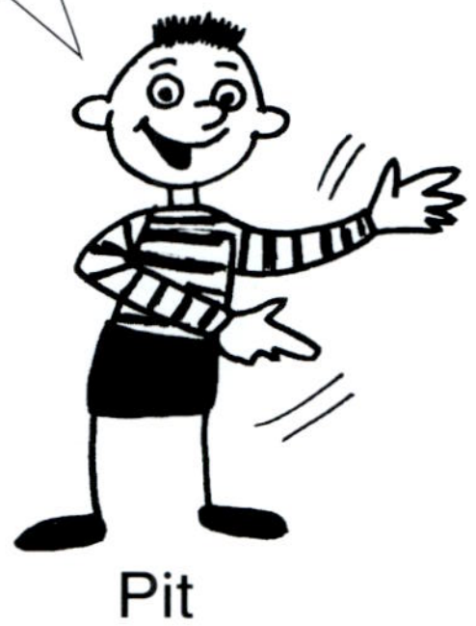

Pit

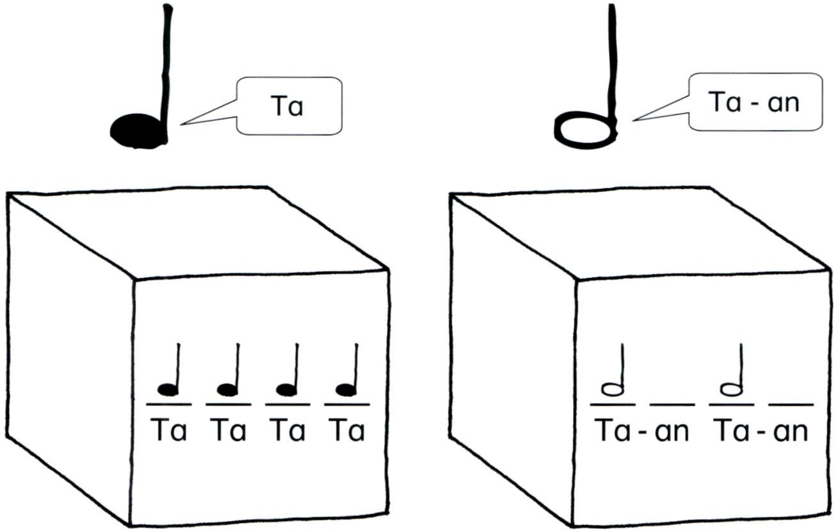

Ta

Ta Ta Ta Ta

Ta - an

Ta - an Ta - an

Male **Ta** und **Ta - an** aus.
Was erkennst du?

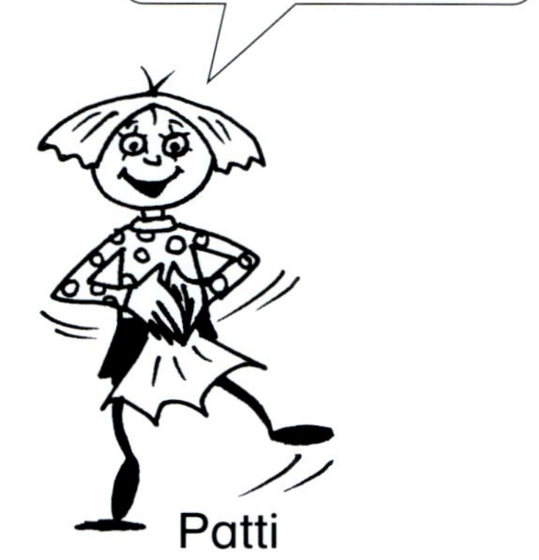
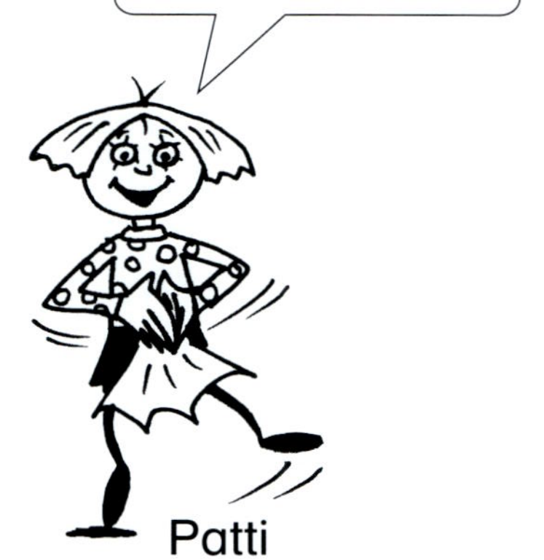

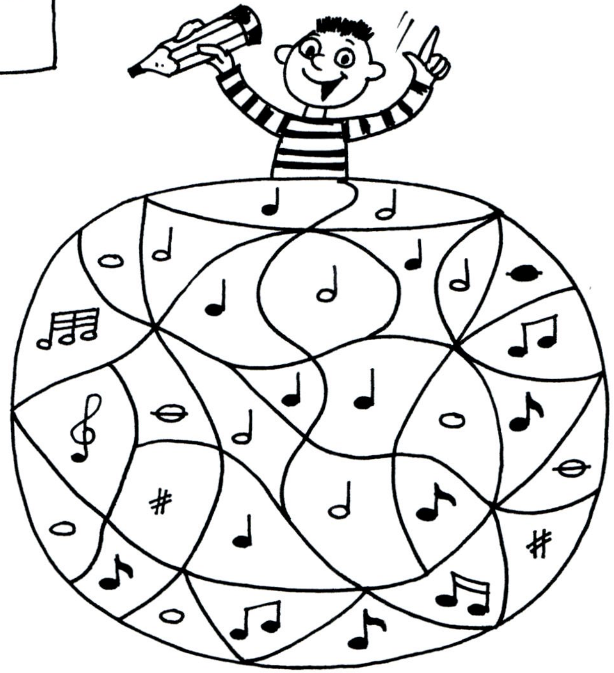

Ta Ta Ta Ta	Ta - an Ta - an	Ta Ta Ta Ta	Ta - an Ta - an
Ta - an Ta - an	Ta Ta Ta Ta	Ta - an Ta - an	Ta Ta Ta Ta

Die Zeilen können einzeln oder nacheinander gesprochen werden.

Eigene Stücke erfinden und die Ta-Note schreiben

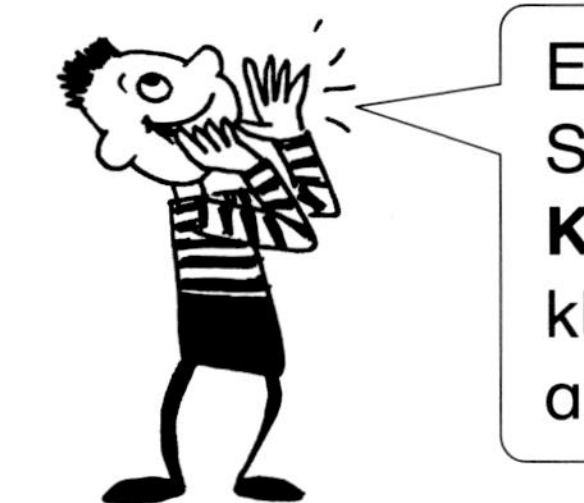

Erfinde dein eigenes Stück. Schneide die **Rhythmus-Kärtchen 1** aus und klebe sie auf. Spiele sie auf Körperinstrumenten.

Diese „Körperinstrumente“ hast du immer bei dir.

Du kannst

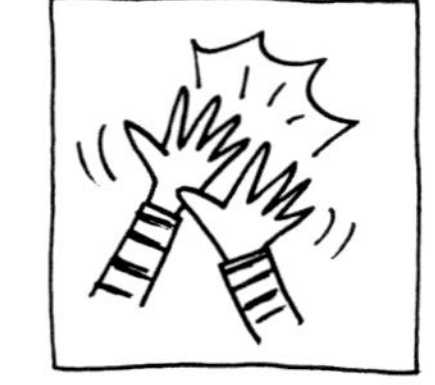
klatschen

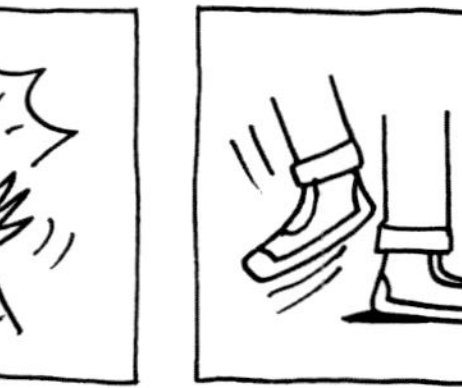
stampfen

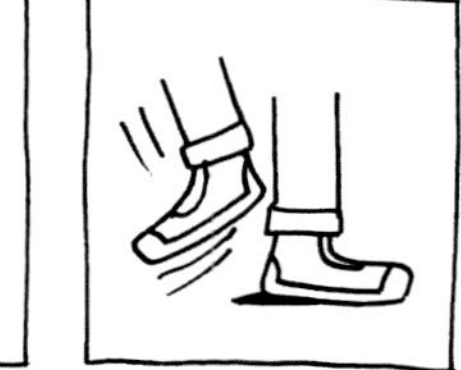
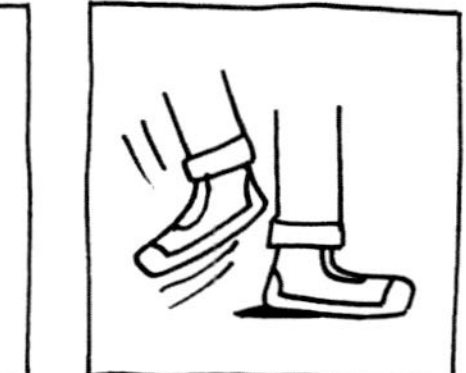
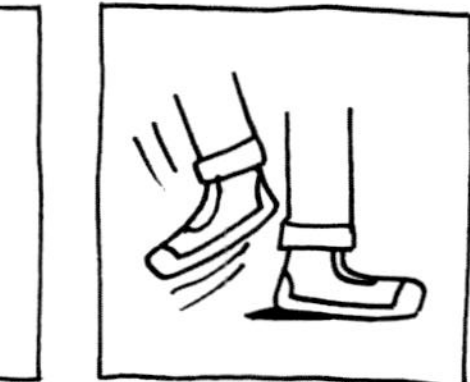
patschen

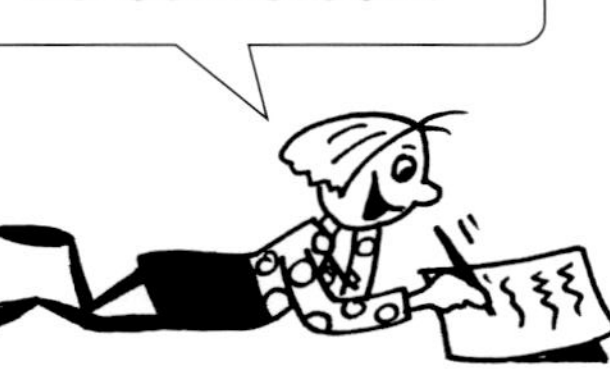

Übe die **Ta-Note** zu schreiben.

Ta und Ta - an verbinden, den Rhythmus sprechen und klatschen

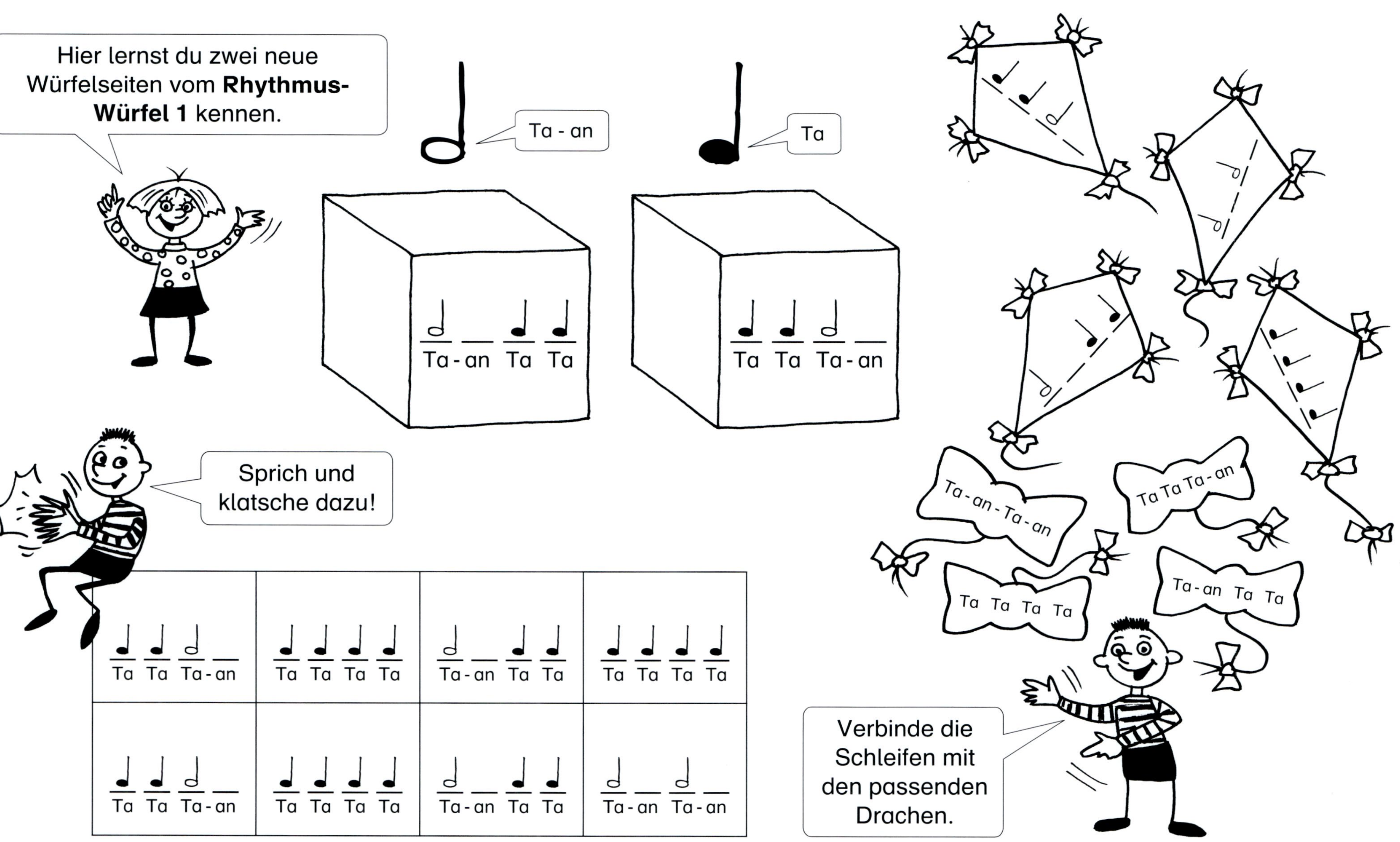

Ta Ta Ta-an	Ta Ta Ta Ta	Ta-an Ta Ta	Ta Ta Ta Ta
Ta Ta Ta-an	Ta Ta Ta Ta	Ta-an Ta Ta	Ta-an Ta-an

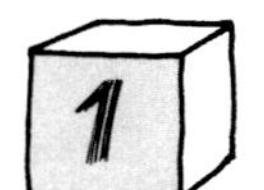

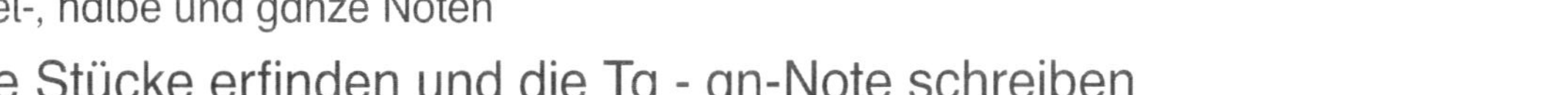

Eigene Stücke erfinden und die Ta - an-Note schreiben

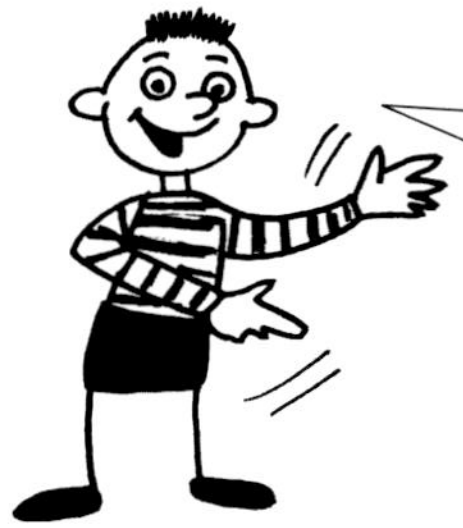

Erfinde dein eigenes Stück. Schneide die **Rhythmus-Kärtchen 2** aus und klebe sie auf. Spiele sie auf Körperinstrumenten.

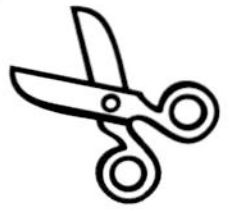

Du kannst

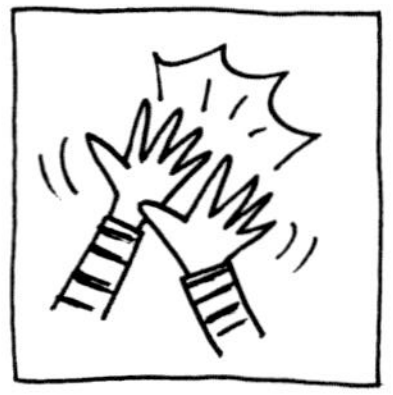

klatschen 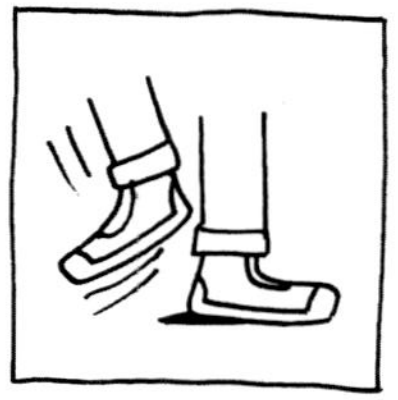 stampfen 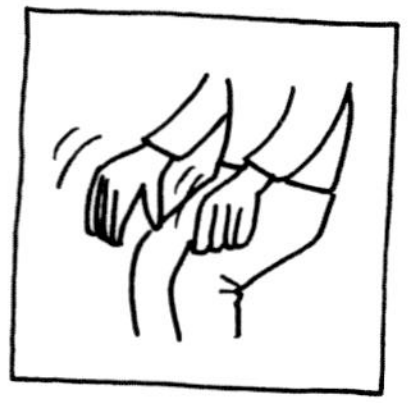 patschen

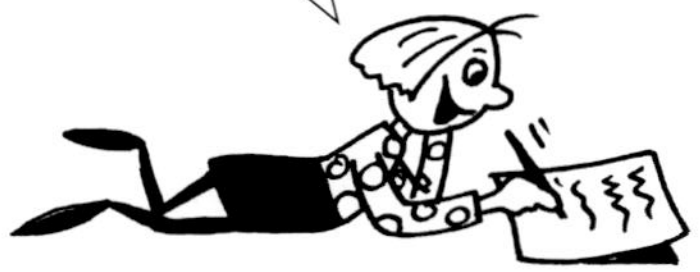

Übe, die **Ta - an-Note** zu schreiben.

Rhythmisches Sprechen

♩ ♩ ♩ ♩	♩ ♩ 𝅗𝅥 —
Re - flek - to - ren	leuch - ten hell

Sprecht in der Klasse den Satz rhythmisch mehrmals hintereinander:

- mal laut, mal leise
- gleichzeitig oder im Kanon

Spielt ihn mit verschiedenen Körperinstrumenten. Was fällt euch sonst noch ein?

Male das Bild aus!

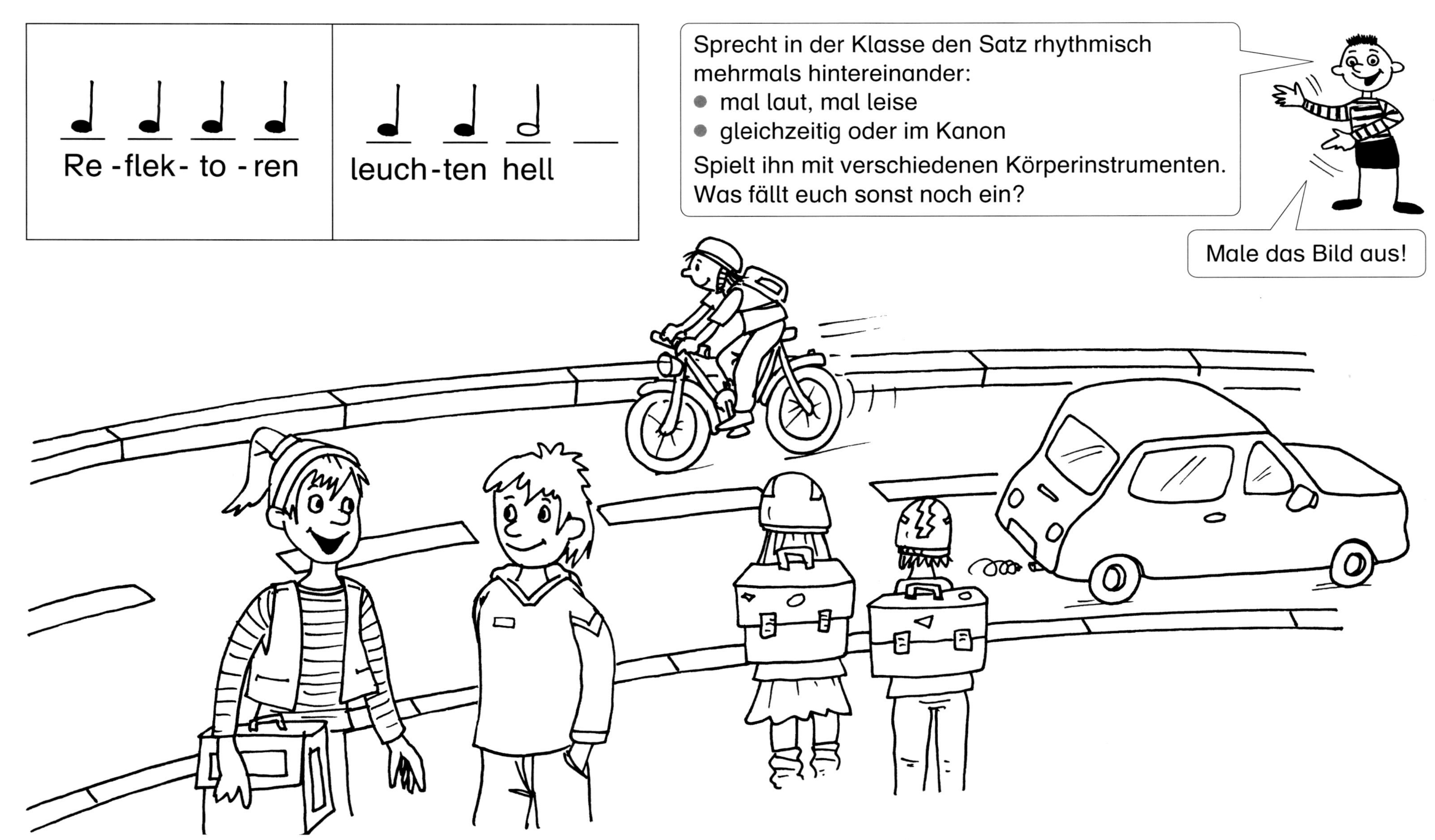

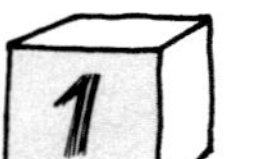

Flüster-Post (Spiel)

Spiel in der Klasse Flüster-Post. Ein Schüler schickt einen Rhythmus ab. Wie kommt er am Ende an?

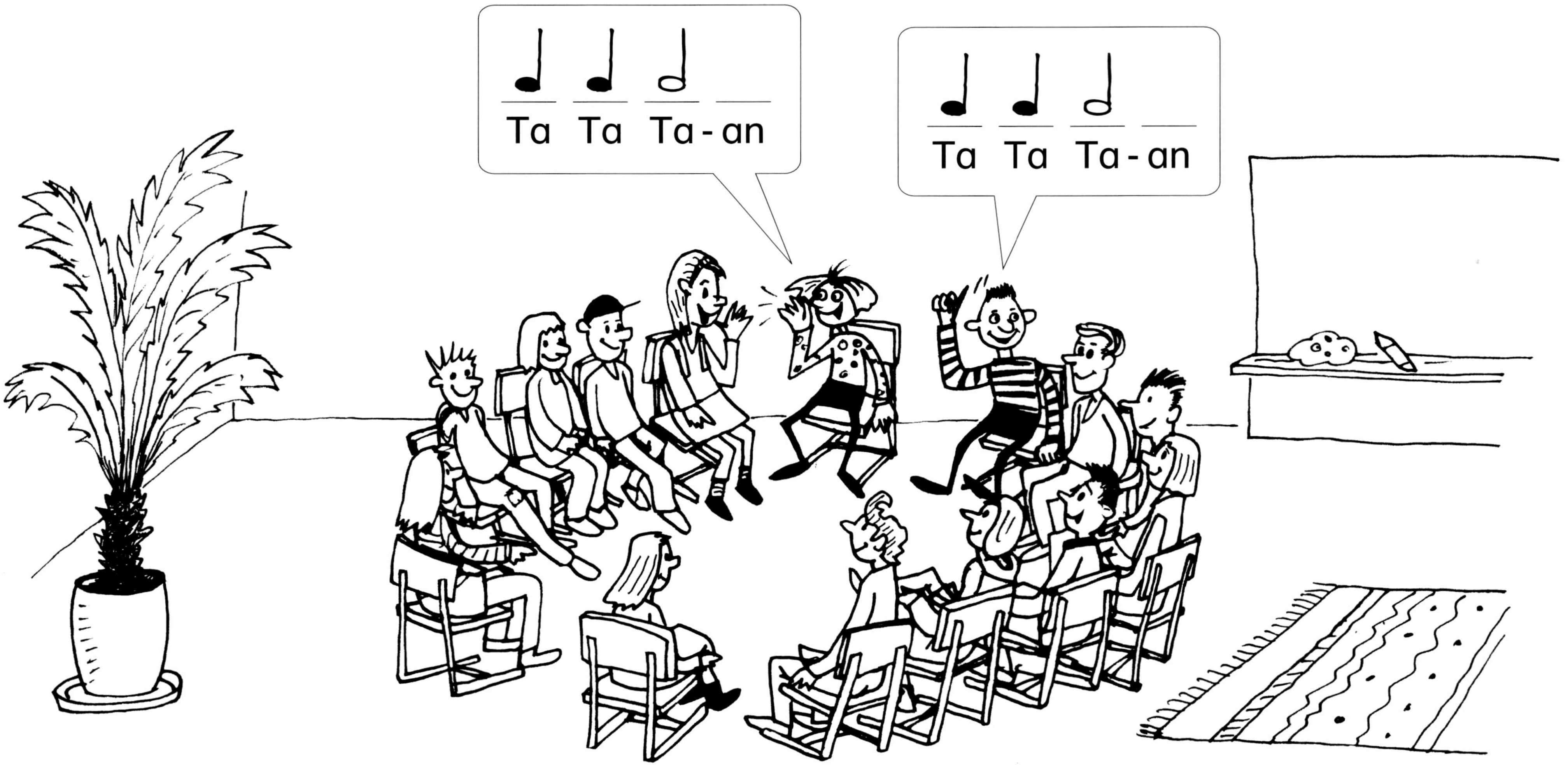

Ta Ta Ta - an

Ta Ta Ta - an

Rhythmus sprechen und klatschen

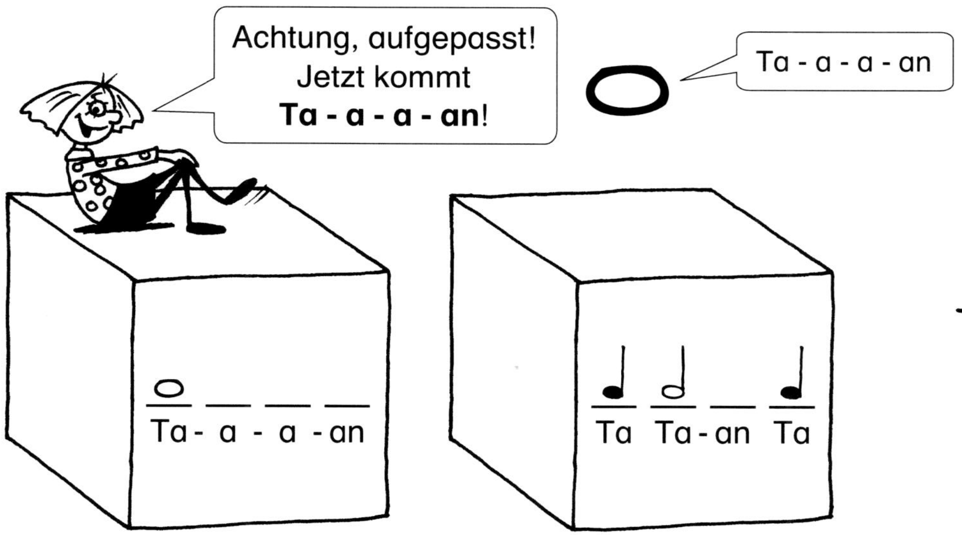

Achtung, aufgepasst! Jetzt kommt **Ta - a - a - an**!

Ta - a - a - an

Ta- a - a -an

Ta Ta-an Ta

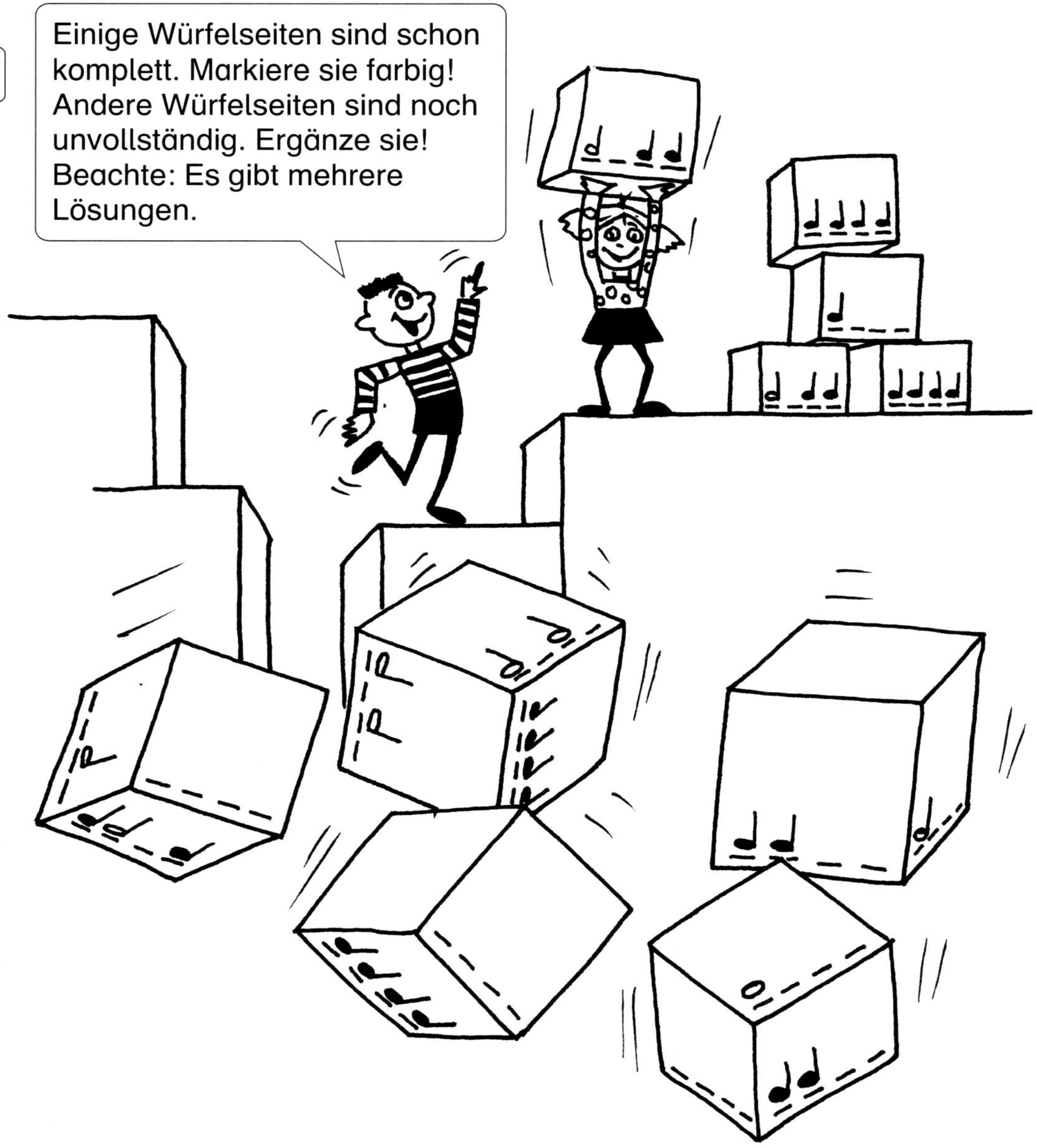

Einige Würfelseiten sind schon komplett. Markiere sie farbig! Andere Würfelseiten sind noch unvollständig. Ergänze sie! Beachte: Es gibt mehrere Lösungen.

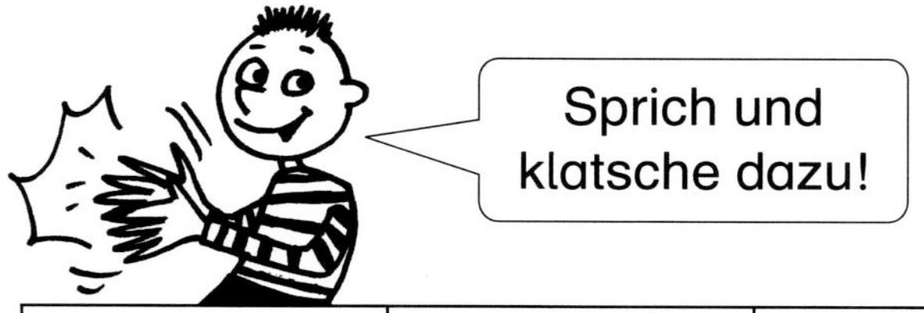

Sprich und klatsche dazu!

Ta- a - a -an	Ta Ta-an Ta	Ta- a - a -an	Ta Ta-an Ta
Ta Ta-an Ta	Ta- a - a -an	Ta Ta-an Ta	Ta-an Ta-an

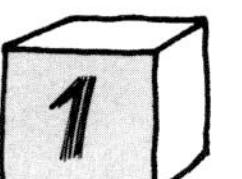

Die Ta - a - a - an-Note schreiben und Stücke erwürfeln

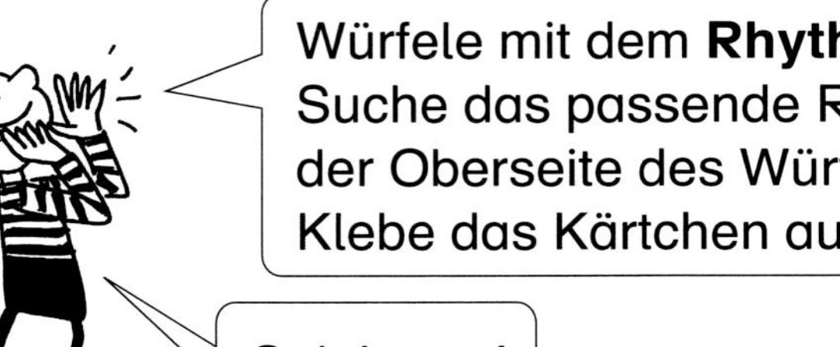

Würfele mit dem **Rhythmus-Würfel 1**.
Suche das passende Rhythmus-Kärtchen zu dem Bild, das du auf der Oberseite des Würfels siehst!
Klebe das Kärtchen auf dieses Arbeitsblatt oder schreibe den Rhythmus auf.

Spiele vor!

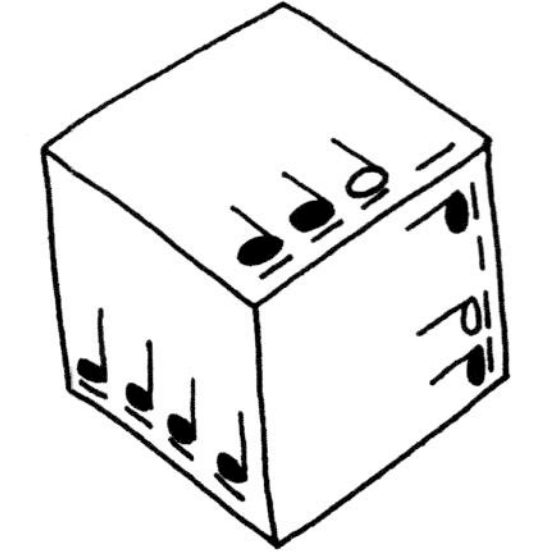

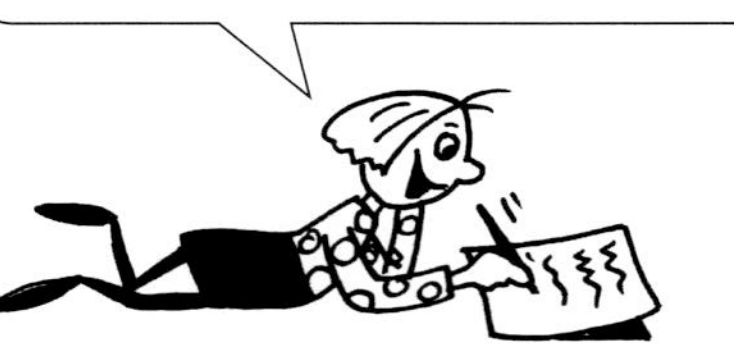

Übe, die **Ta - a - a - an-Note** zu schreiben.

Der Rhythmus-Würfel

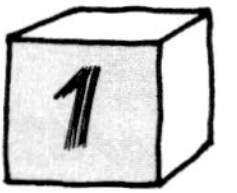

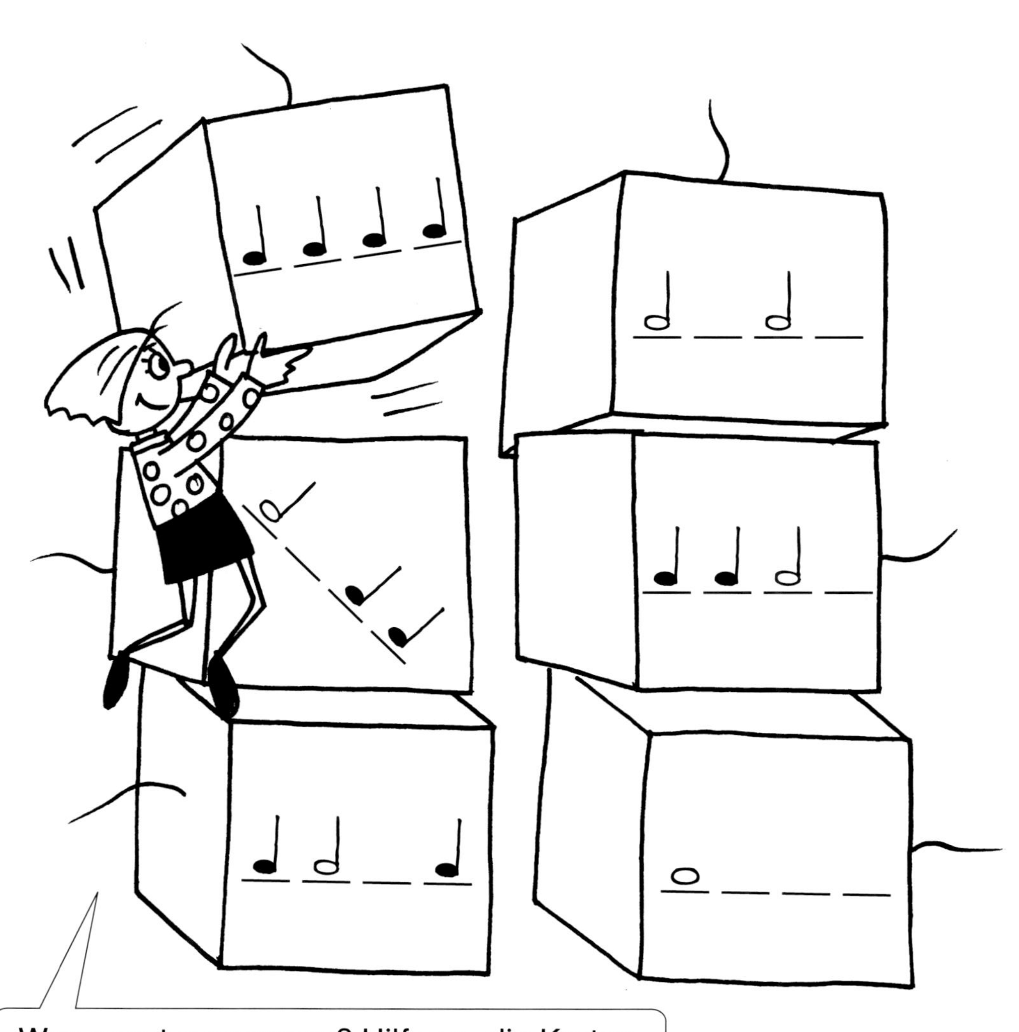

Was passt zusammen? Hilf uns, die Karten richtig mit den Würfeln zu verbinden.

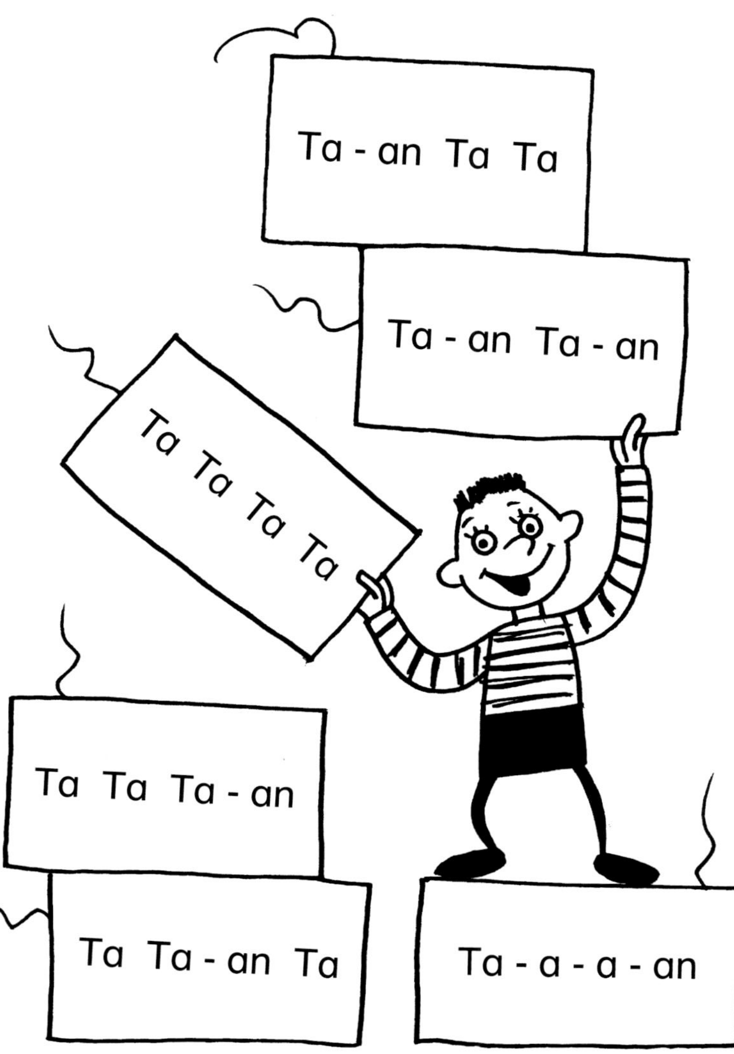

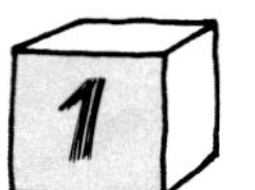

Die Rhythmus-Folge (1)

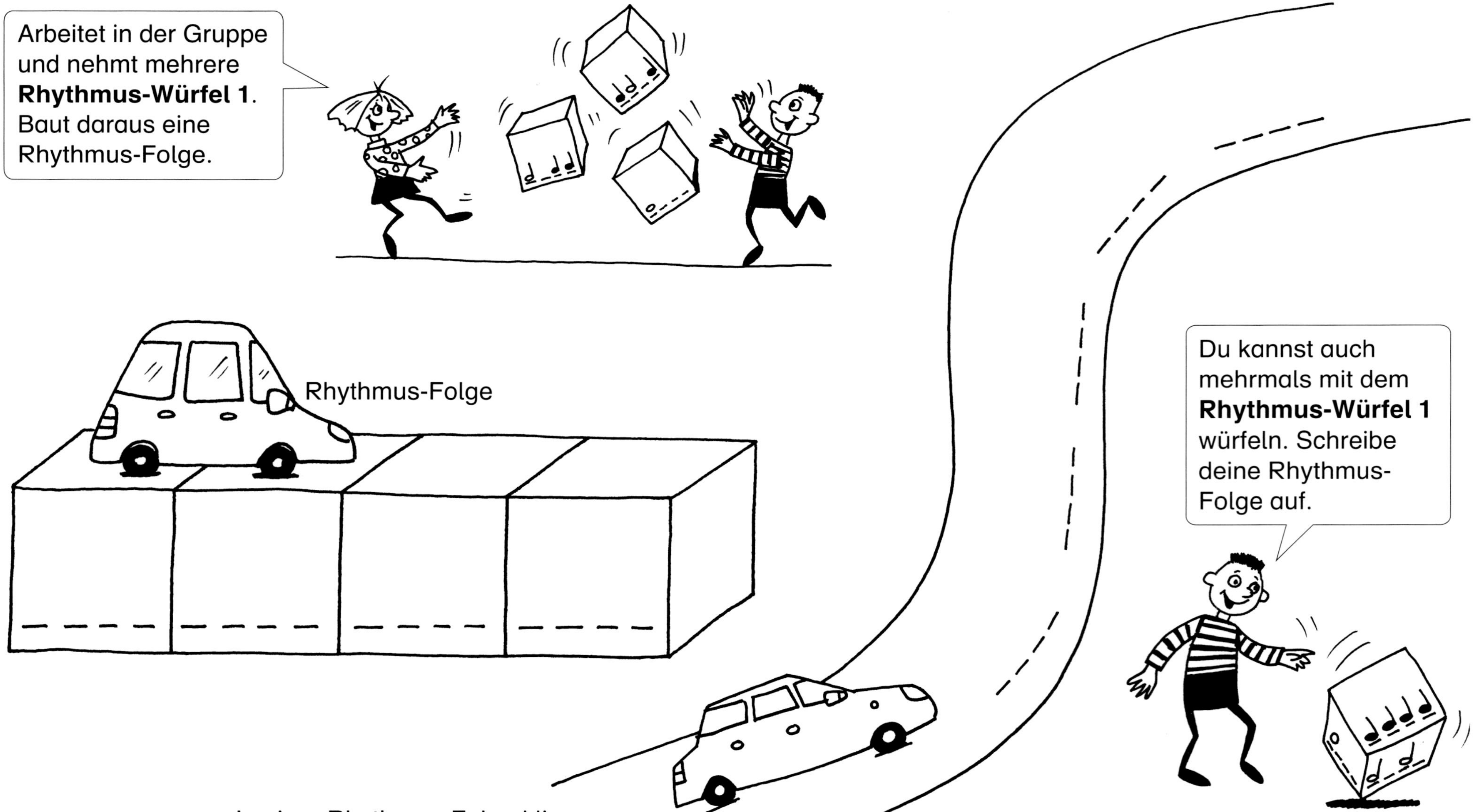

Arbeitet in der Gruppe und nehmt mehrere **Rhythmus-Würfel 1**. Baut daraus eine Rhythmus-Folge.

Rhythmus-Folge

In einer Rhythmus-Folge klingen die Rhythmen nacheinander.

Du kannst auch mehrmals mit dem **Rhythmus-Würfel 1** würfeln. Schreibe deine Rhythmus-Folge auf.

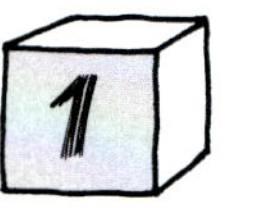

Die Rhythmus-Folge (2)

Pit und Patti wetten, wer länger rufen kann. Teile Pits und Pattis Rufe mit Strichen in Würfelseiten ein.

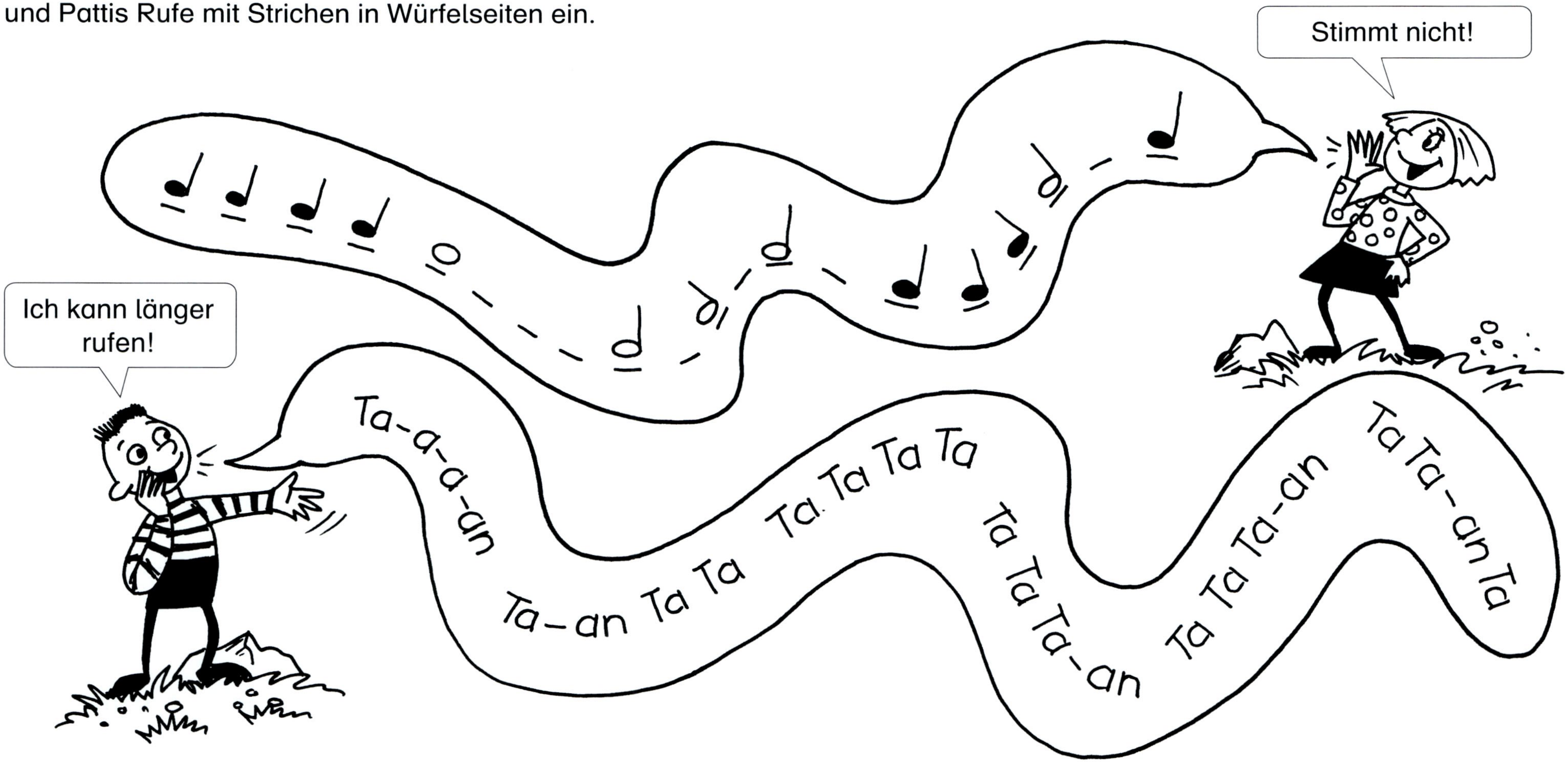

Stimmt nicht!

Ich kann länger rufen!

Ta-a-a-an Ta-an Ta Ta Ta Ta Ta Ta Ta Ta Ta-an Ta Ta Ta-an Ta Ta-an Ta

Wer hat recht? ______________________

Vergleiche mit dem Rhythmus-Würfel 1.
Probiere aus.

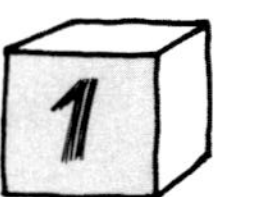

Der Rhythmus-Turm

Patti baut einen Turm aus **Rhythmus-Würfeln 1**.
Bei einem Rhythmus-Turm klingen alle Rhythmen gleichzeitig.

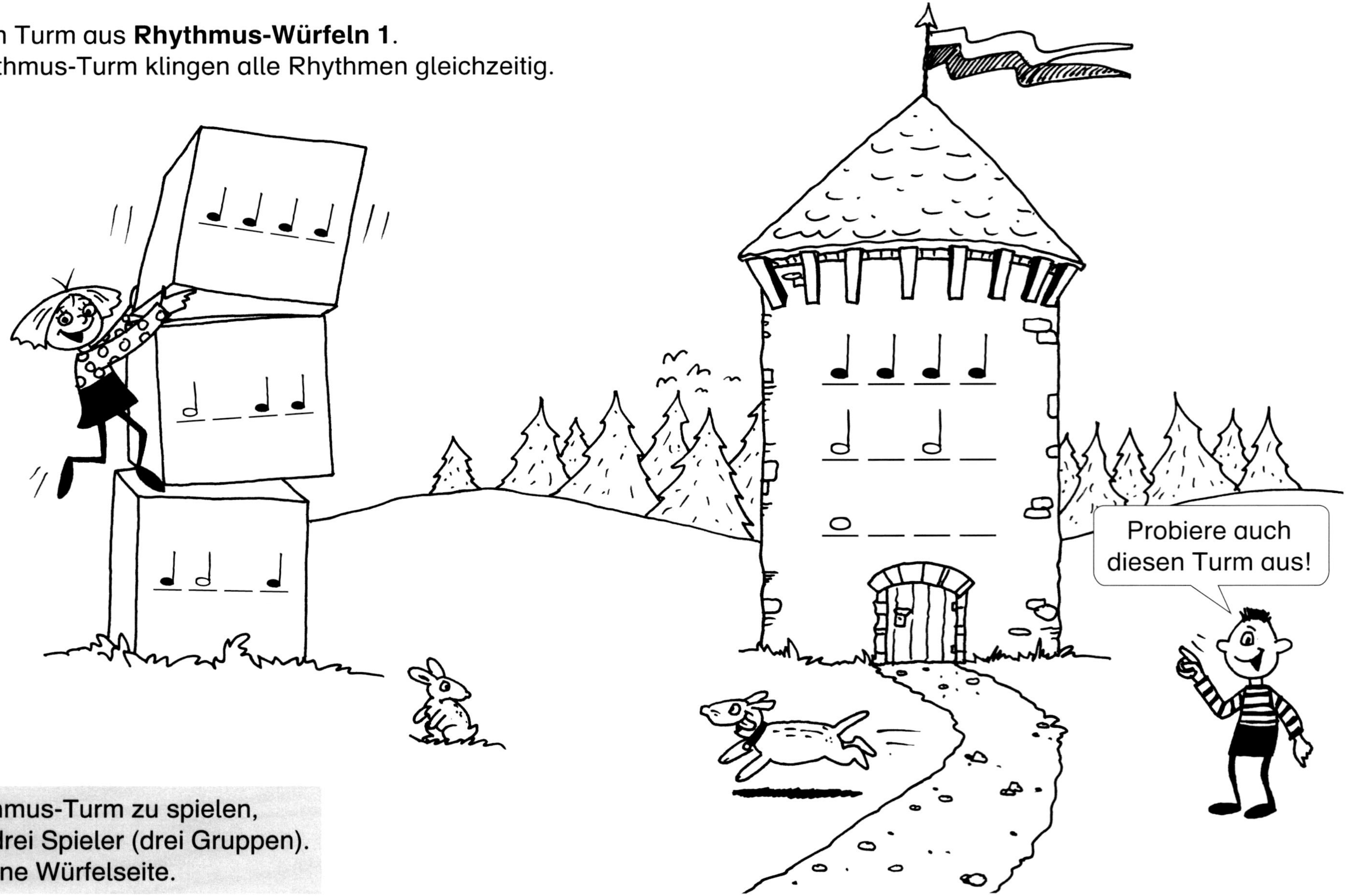

Um den Rhythmus-Turm zu spielen, braucht man drei Spieler (drei Gruppen). Jeder spielt eine Würfelseite.

Rhythmus-Turm und Rhythmus-Folge

Würfele oder suche dir passende Würfelseiten vom **Rhythmus-Würfel 1** aus – für den Rhythmus-Turm und für die Rhythmus-Folge.
Schreibe die Rhythmen auf und spiele sie.

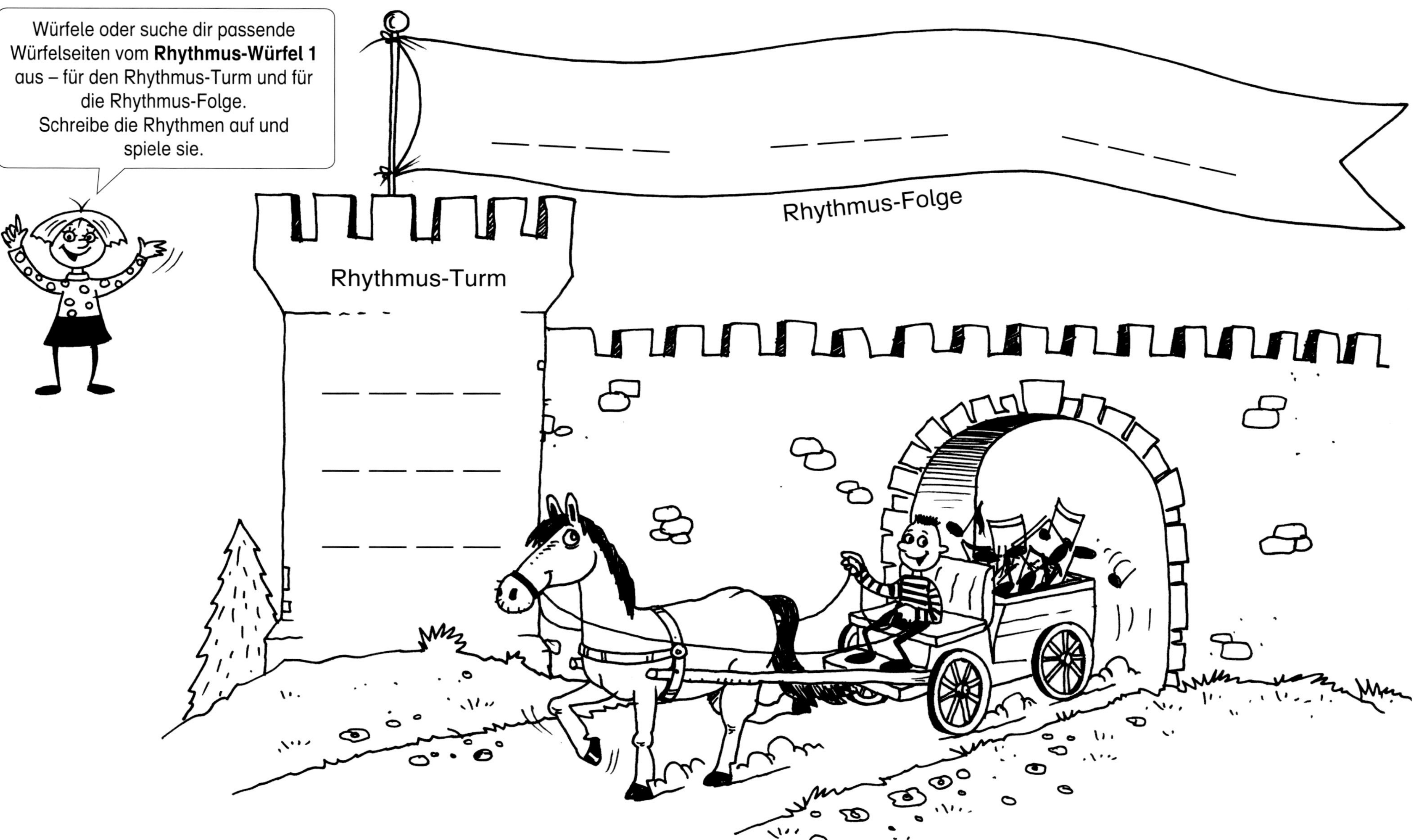

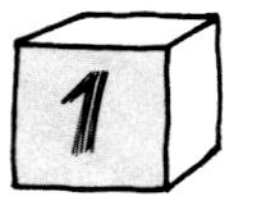

Die Rhythmus-Mauer

Patti hat aus mehreren **Rhythmus-Würfeln 1** eine Mauer gebaut.

Eine Rhythmus-Mauer besteht aus Rhythmus-Folgen, die gleichzeitig gespielt werden.

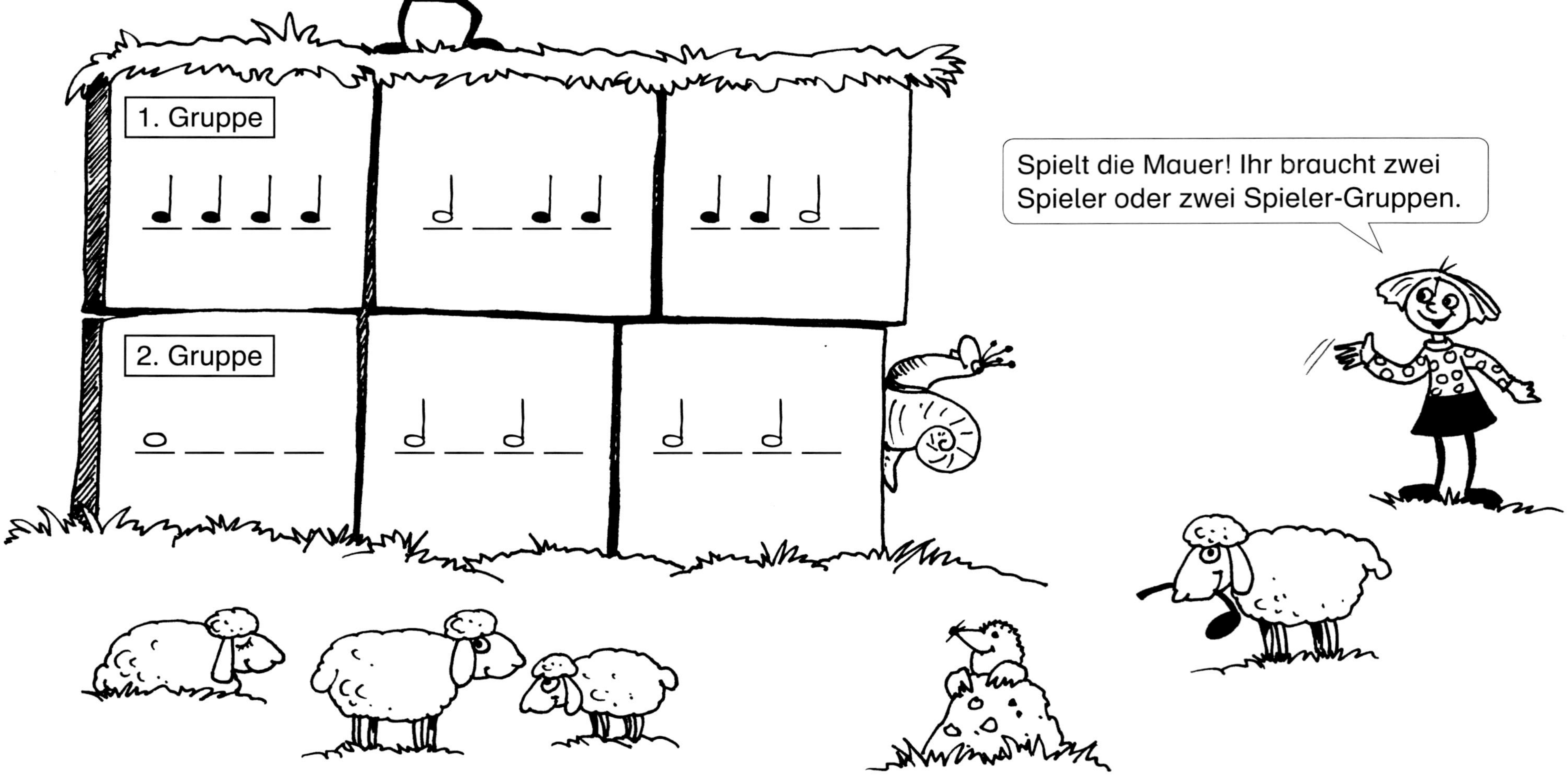

1. Gruppe

2. Gruppe

Spielt die Mauer! Ihr braucht zwei Spieler oder zwei Spieler-Gruppen.

Zwei Rhythmus-Mauern selbst bauen

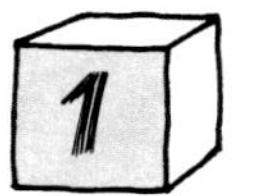

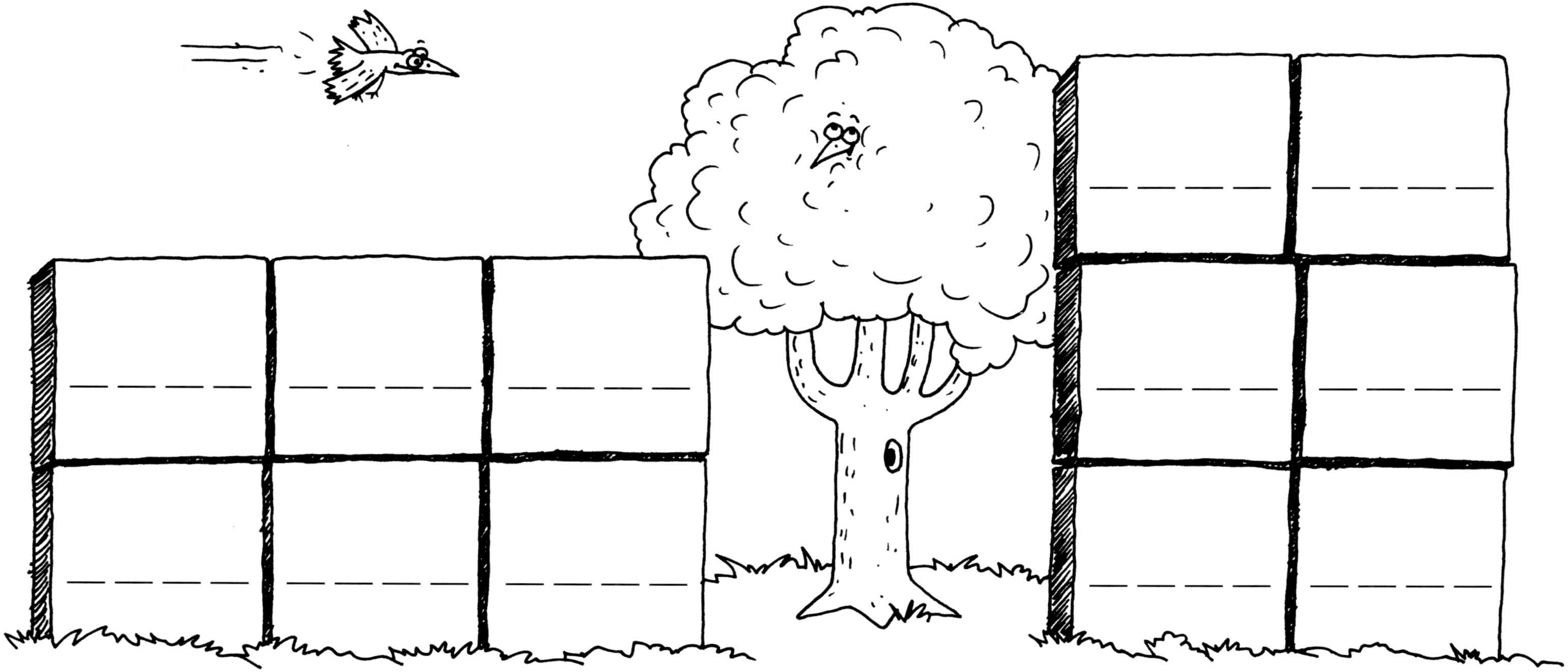

Würfele mit deinem **Rhythmus-Würfel 1** deine eigene Mauer. Schreibe die Noten auf und spiele sie mit einem Partner.
Du musst darauf achten, dass das Fundament (die unteren Steine) stabil ist.
Verwende deshalb für das Fundament Würfelseiten mit langen Noten (z. B. Ta - a - a - an und Ta - an).

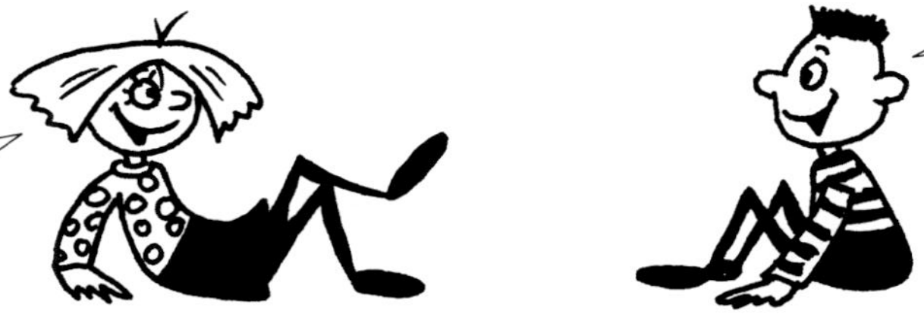

Baue hier eine zweite Rhythmus-Mauer!

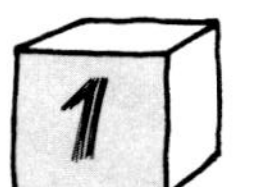

Ta, Ta - an und Ta - a - a - an

Jetzt kennst du **Ta, Ta - an** und **Ta - a - a - an**. Verbinde die Dominosteine richtig.

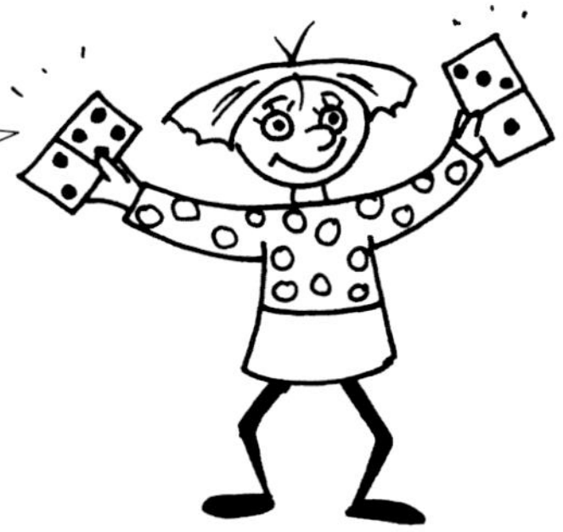

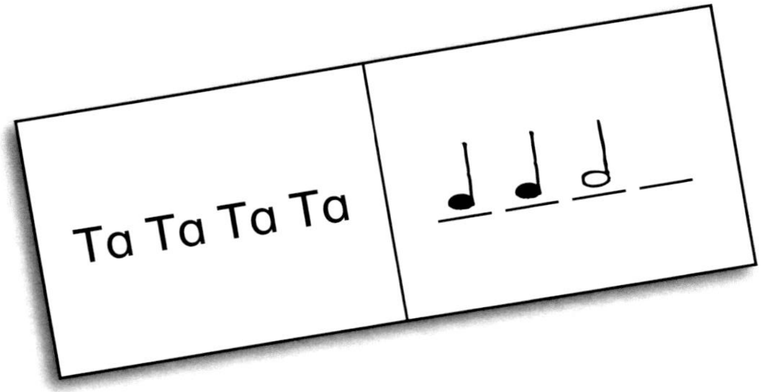

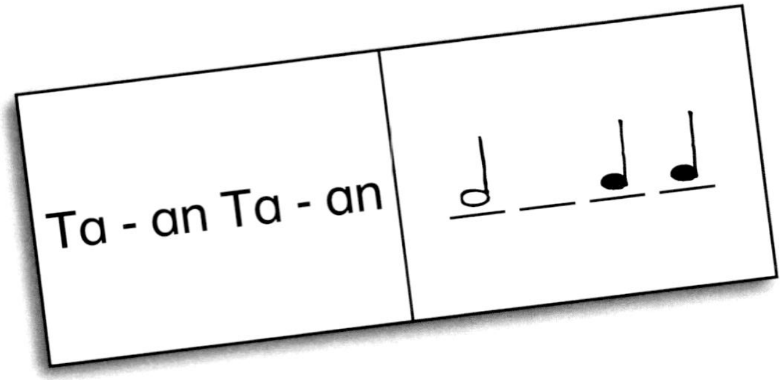

Ta Ta Ta Ta

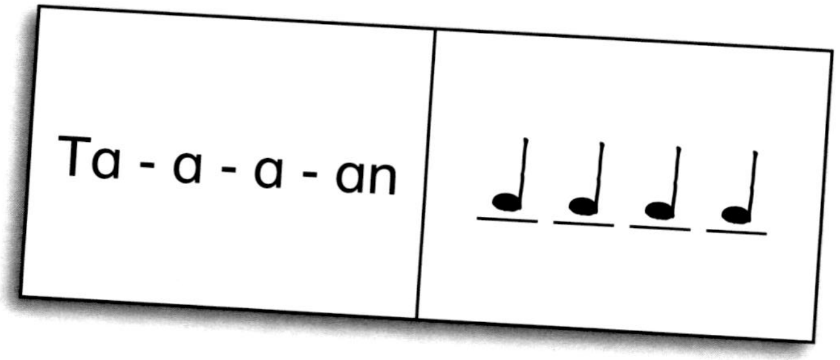

Ta - a - a - an

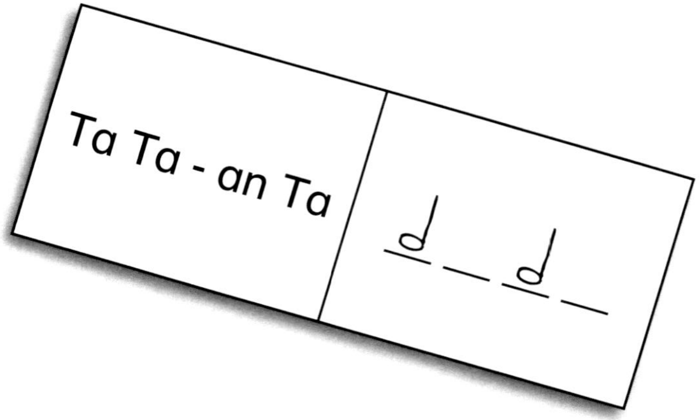

Ta Ta - an Ta

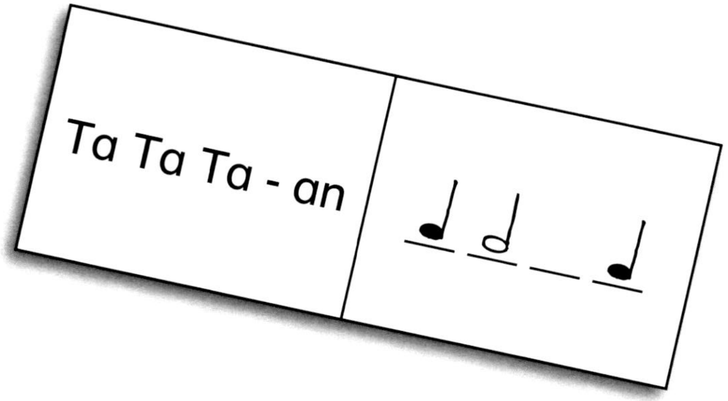

Ta Ta Ta - an

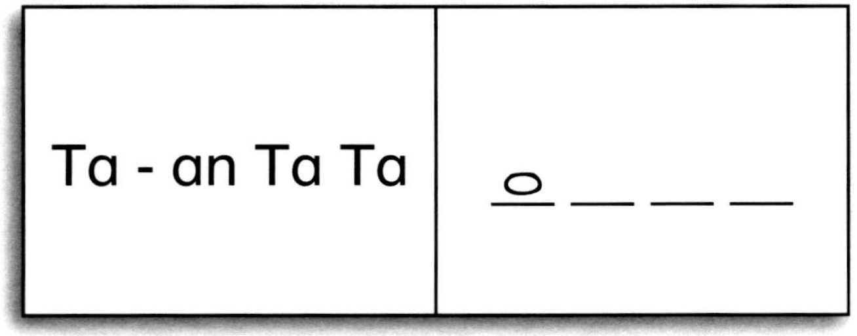

Ta - an Ta - an

Ta - an Ta Ta

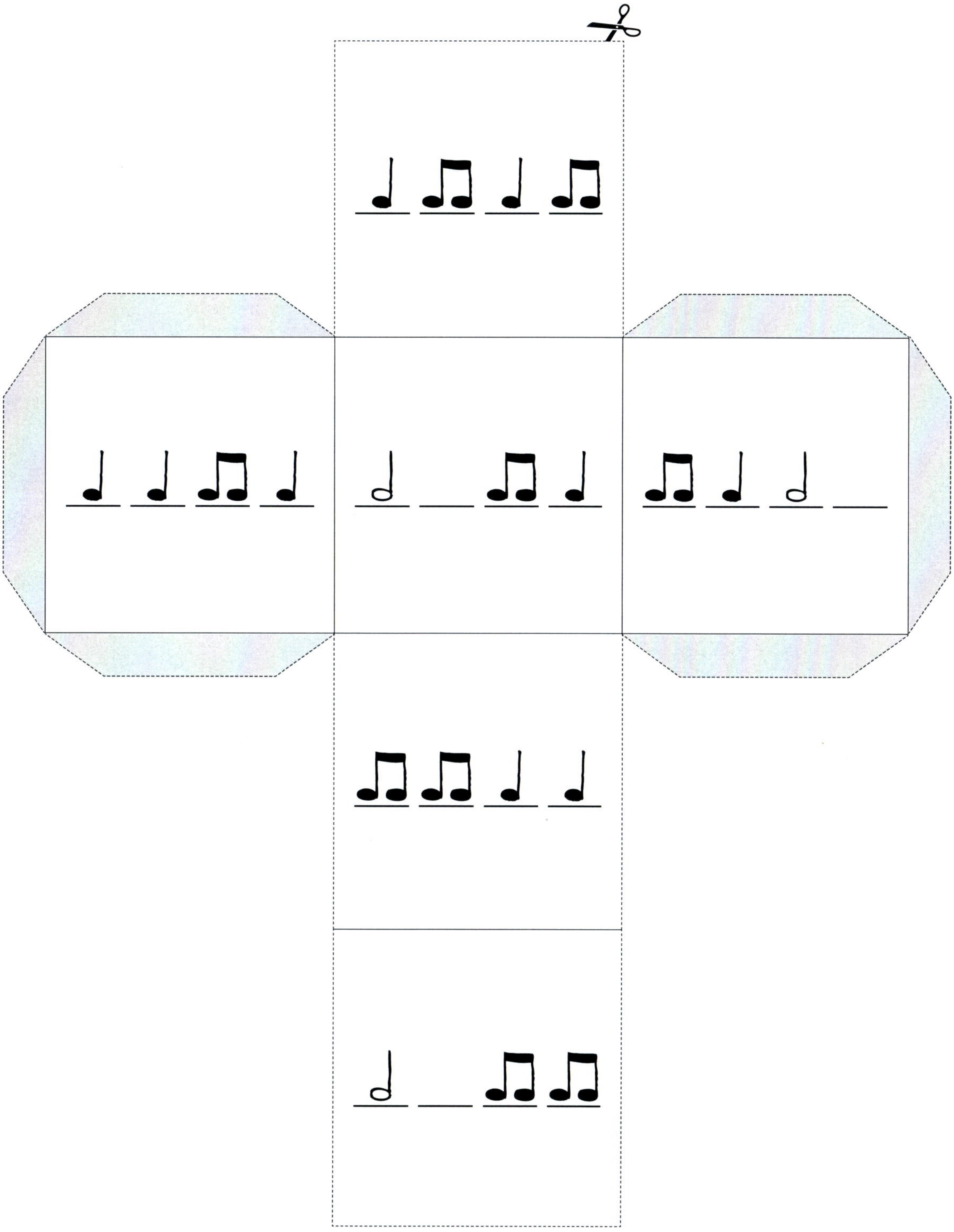

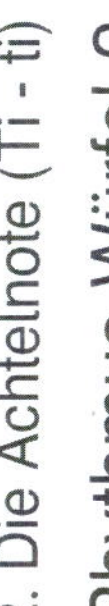

Rhythmus-Kärtchen 4

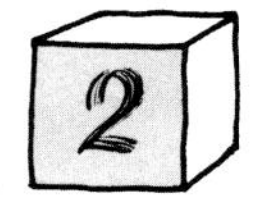

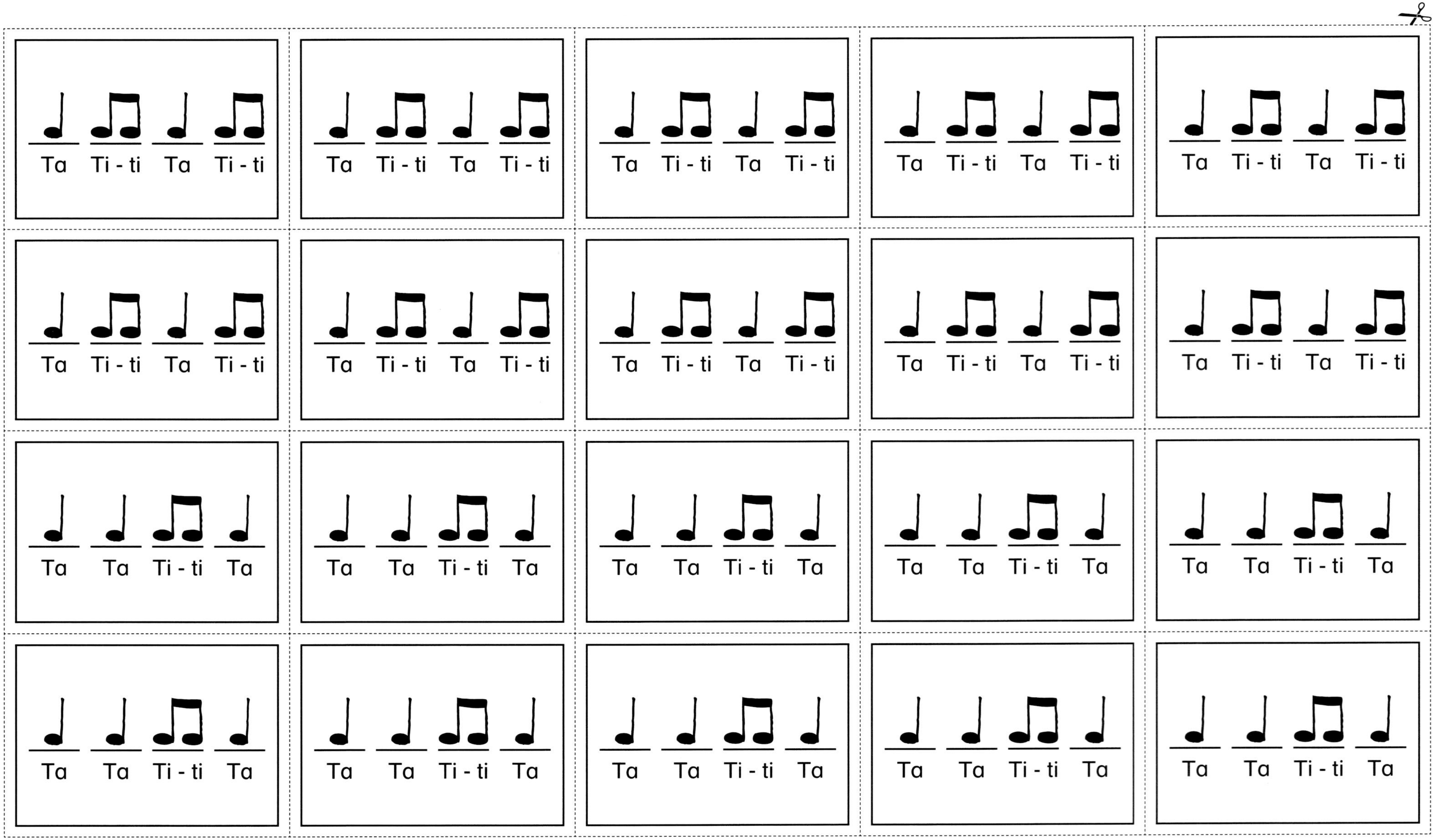 Ta Ti - ti Ta Ti - ti	Ta Ti - ti Ta Ti - ti	Ta Ti - ti Ta Ti - ti	Ta Ti - ti Ta Ti - ti	Ta Ti - ti Ta Ti - ti
Ta Ti - ti Ta Ti - ti	Ta Ti - ti Ta Ti - ti	Ta Ti - ti Ta Ti - ti	Ta Ti - ti Ta Ti - ti	Ta Ti - ti Ta Ti - ti
Ta Ta Ti - ti Ta	Ta Ta Ti - ti Ta	Ta Ta Ti - ti Ta	Ta Ta Ti - ti Ta	Ta Ta Ti - ti Ta
Ta Ta Ti - ti Ta	Ta Ta Ti - ti Ta	Ta Ta Ti - ti Ta	Ta Ta Ti - ti Ta	Ta Ta Ti - ti Ta

Rhythmus-Kärtchen 5

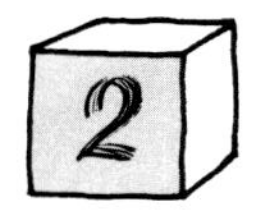

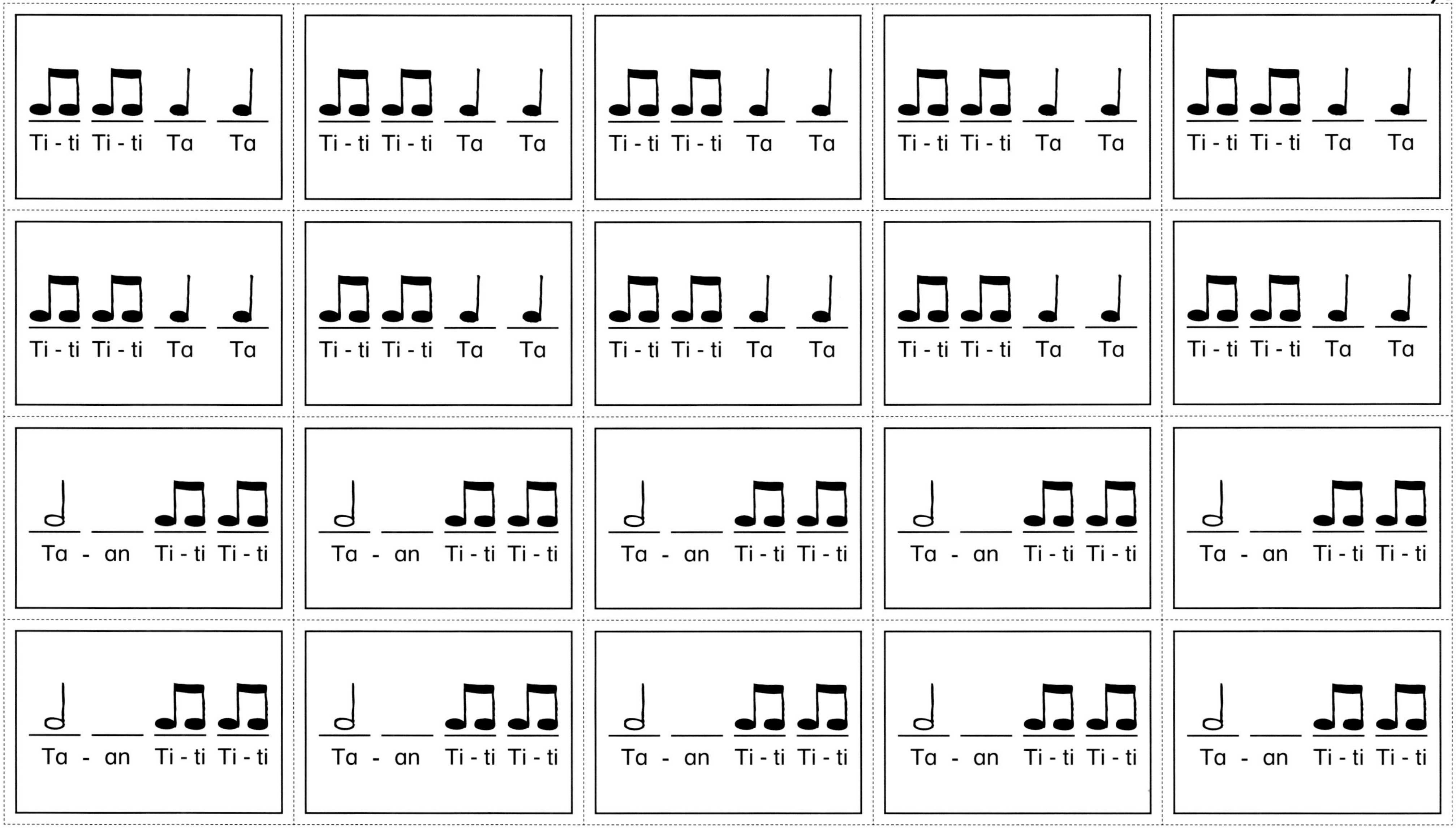

Ti - ti Ti - ti Ta Ta	Ti - ti Ti - ti Ta Ta	Ti - ti Ti - ti Ta Ta	Ti - ti Ti - ti Ta Ta	Ti - ti Ti - ti Ta Ta
Ti - ti Ti - ti Ta Ta	Ti - ti Ti - ti Ta Ta	Ti - ti Ti - ti Ta Ta	Ti - ti Ti - ti Ta Ta	Ti - ti Ti - ti Ta Ta
Ta - an Ti - ti Ti - ti	Ta - an Ti - ti Ti - ti	Ta - an Ti - ti Ti - ti	Ta - an Ti - ti Ti - ti	Ta - an Ti - ti Ti - ti
Ta - an Ti - ti Ti - ti	Ta - an Ti - ti Ti - ti	Ta - an Ti - ti Ti - ti	Ta - an Ti - ti Ti - ti	Ta - an Ti - ti Ti - ti

Rhythmus-Kärtchen 6

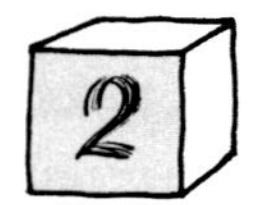

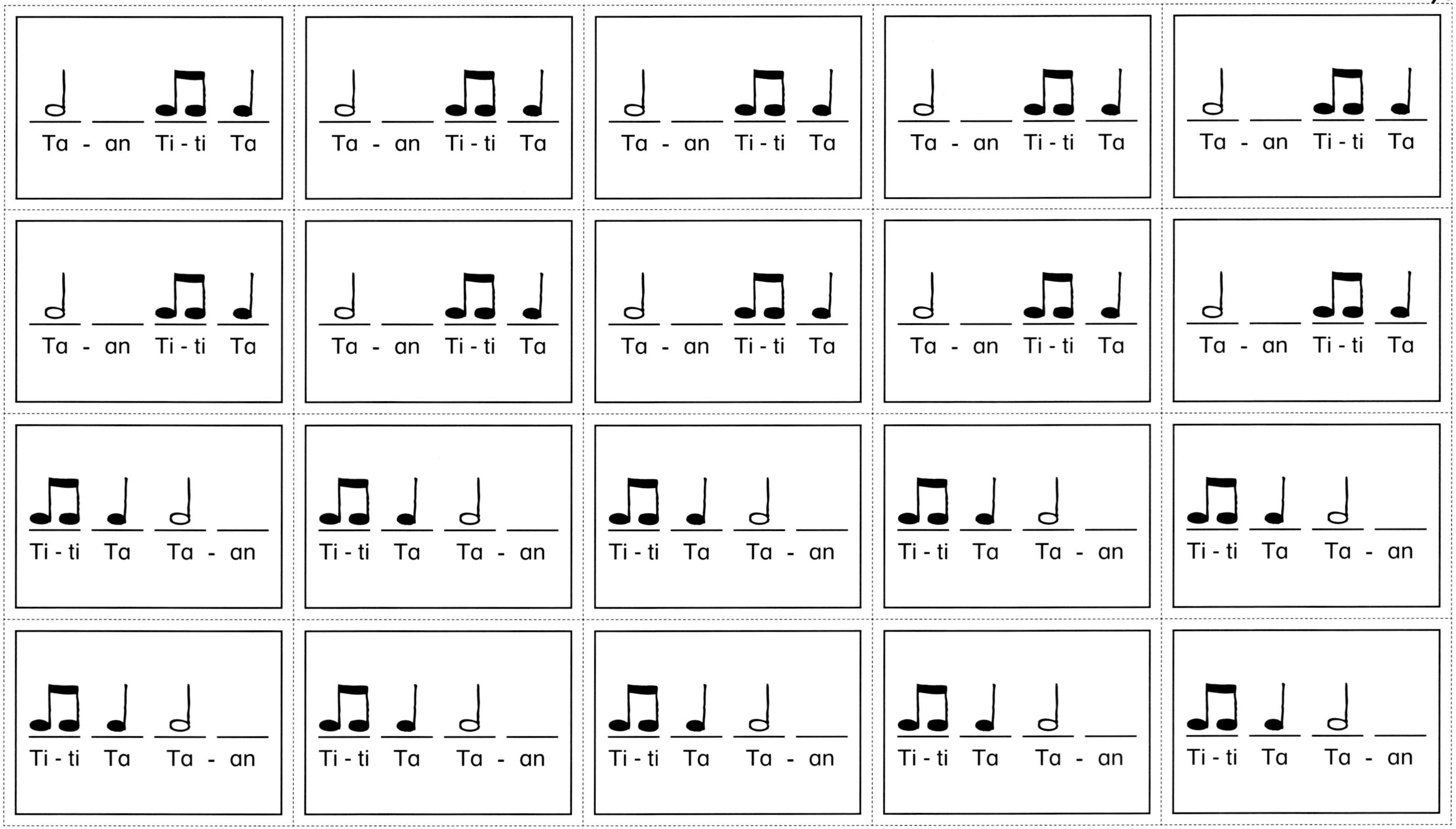

Ta - an Ti - ti Ta	Ta - an Ti - ti Ta	Ta - an Ti - ti Ta	Ta - an Ti - ti Ta	Ta - an Ti - ti Ta
Ta - an Ti - ti Ta	Ta - an Ti - ti Ta	Ta - an Ti - ti Ta	Ta - an Ti - ti Ta	Ta - an Ti - ti Ta
Ti - ti Ta Ta - an	Ti - ti Ta Ta - an	Ti - ti Ta Ta - an	Ti - ti Ta Ta - an	Ti - ti Ta Ta - an
Ti - ti Ta Ta - an	Ti - ti Ta Ta - an	Ti - ti Ta Ta - an	Ti - ti Ta Ta - an	Ti - ti Ta Ta - an

Wiederholung: Das hast du im ersten Kapitel gelernt

Im ersten Kapitel hast du die folgenden Rhythmen vom **Rhythmus-Würfel 1** kennengelernt:

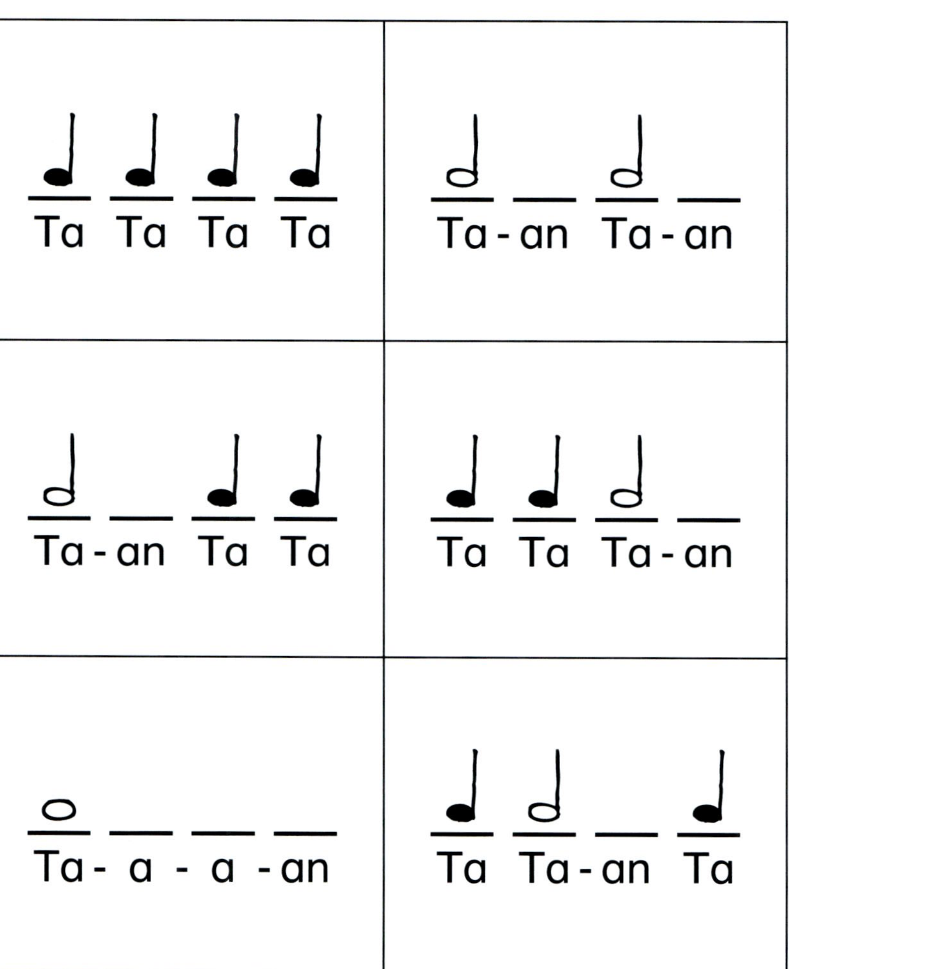

Ta Ta Ta Ta	Ta - an Ta - an
Ta - an Ta Ta	Ta Ta Ta - an
Ta - a - a - an	Ta Ta - an Ta

Kennst du uns noch?

Wir sind Pit und Patti.

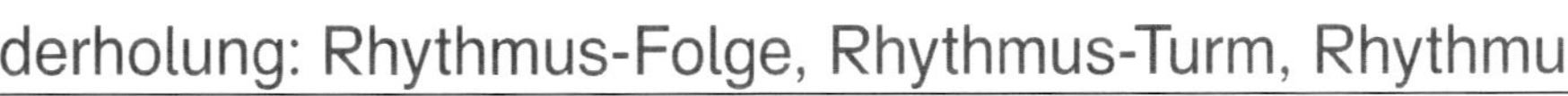

Wiederholung: Rhythmus-Folge, Rhythmus-Turm, Rhythmus-Mauer

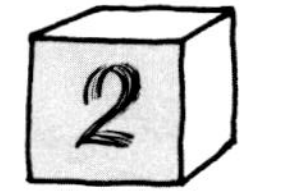

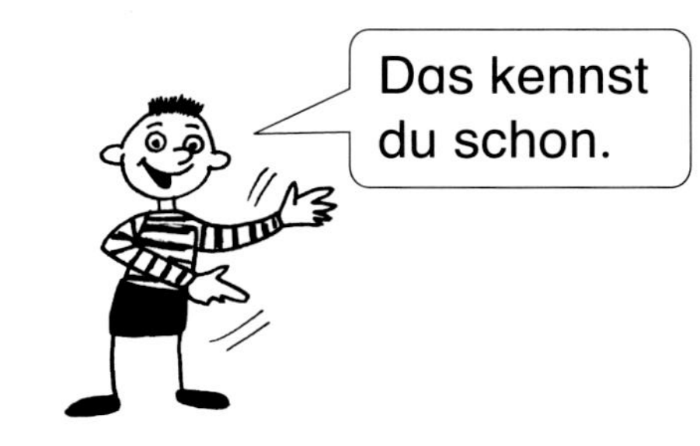

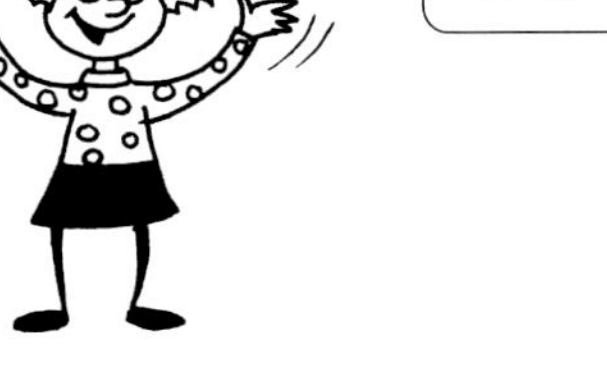

Wir unterscheiden Rhythmus-Folge, Rhythmus-Turm und Rhythmus-Mauer. Schaue sie dir genau an.

Körperinstrumente

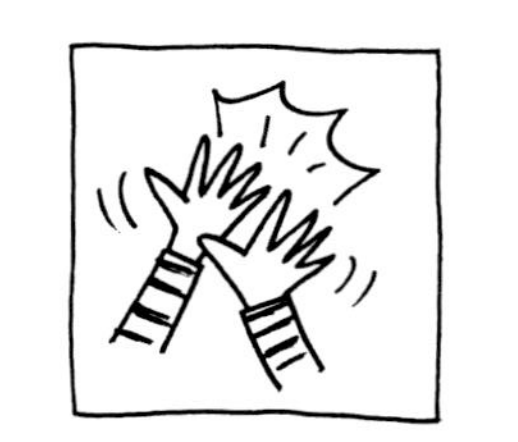

klatschen

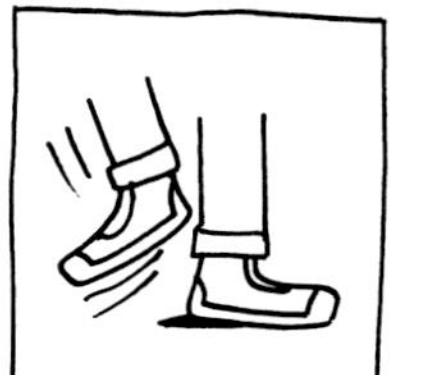

stampfen

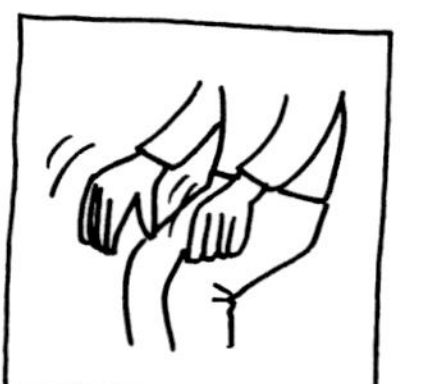

patschen

Rhythmus-Turm

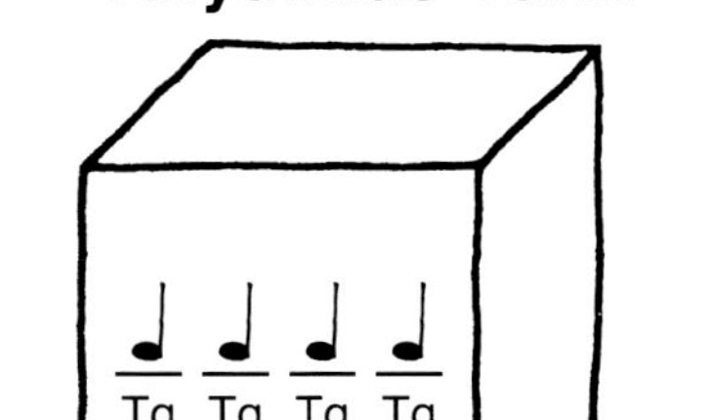

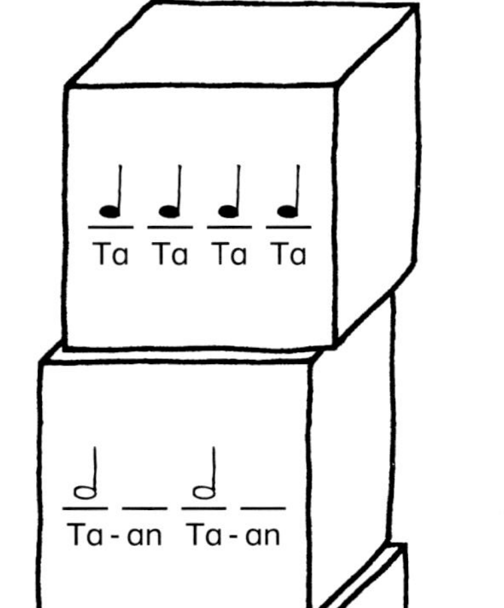

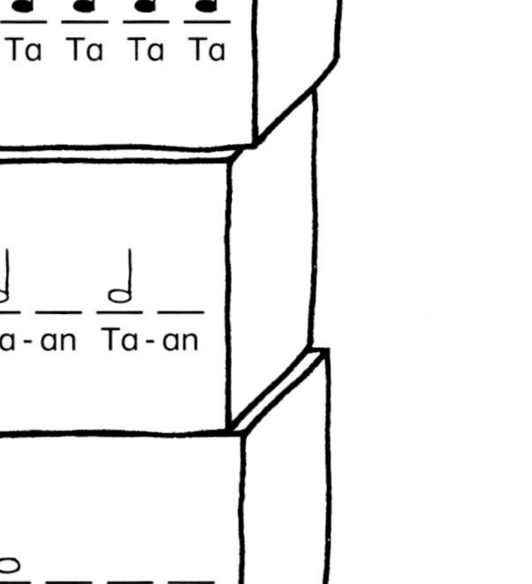

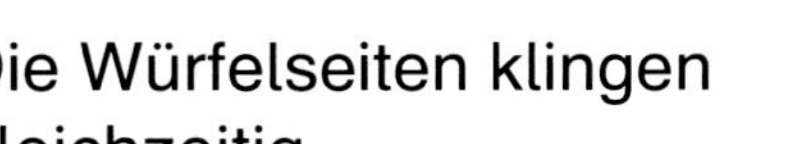

Die Würfelseiten klingen gleichzeitig.

Rhythmus-Folge

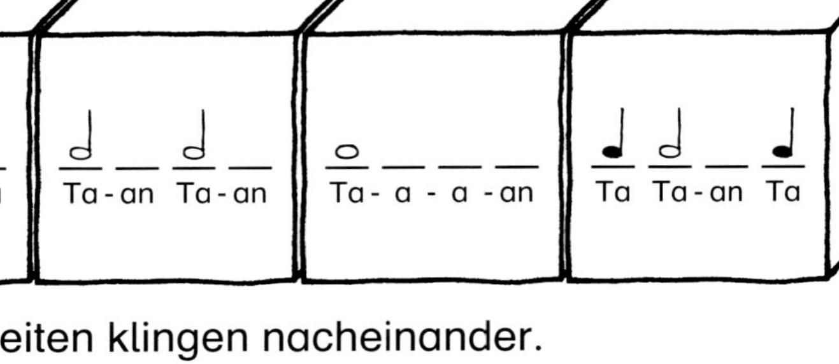

Die Würfelseiten klingen nacheinander.

Rhythmus-Mauer

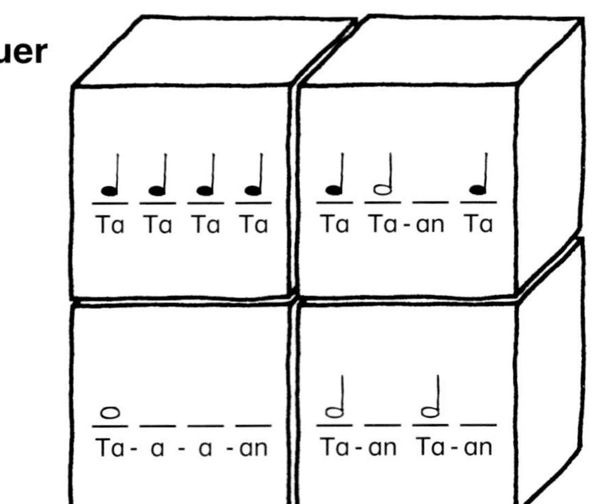

Übereinanderliegende Würfelseiten klingen gleichzeitig.

Rhythmus sprechen und klatschen

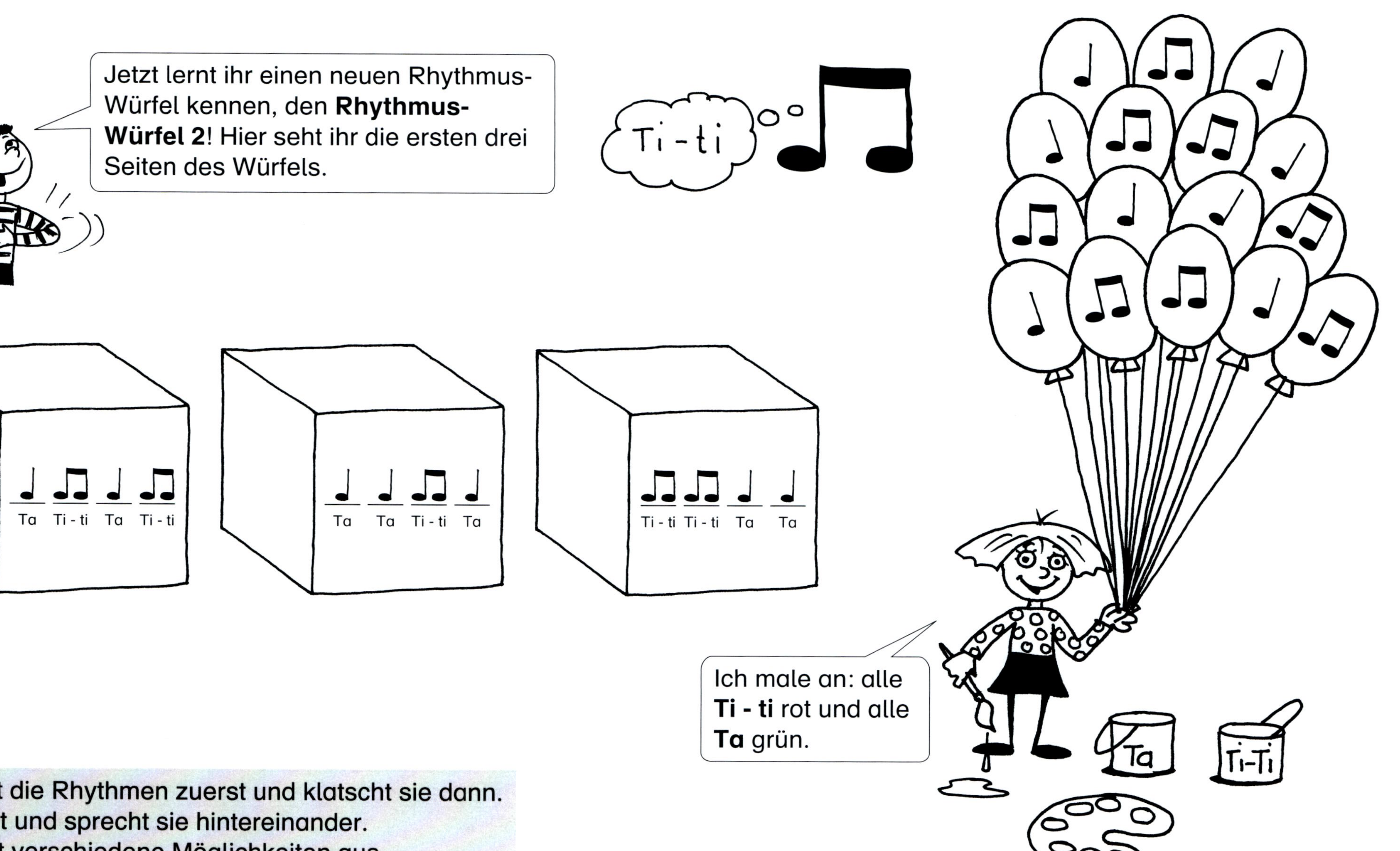

Sprecht die Rhythmen zuerst und klatscht sie dann.
Klatscht und sprecht sie hintereinander.
Probiert verschiedene Möglichkeiten aus.

Eigene Stücke erfinden

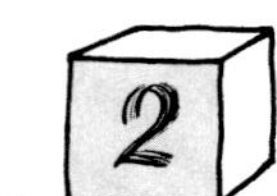
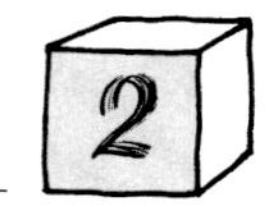

Erfinde dein eigenes Stück.
Spiele es auf Körperinstrumenten vor.
Verwende die Würfelseiten vom **Rhythmus-Würfel 2**, die du auf dieser Seite siehst, oder schneide die **Rhythmus-Kärtchen 4 und 5** aus und klebe sie auf.

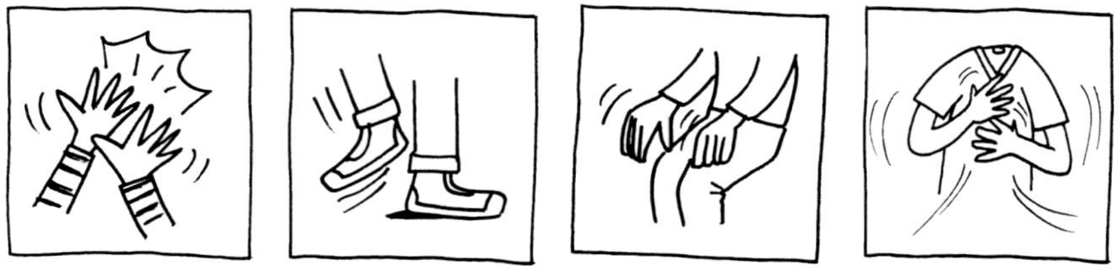

klatschen

stampfen

patschen

Ti - ti
(zweimal schnell auf die Brust schlagen)

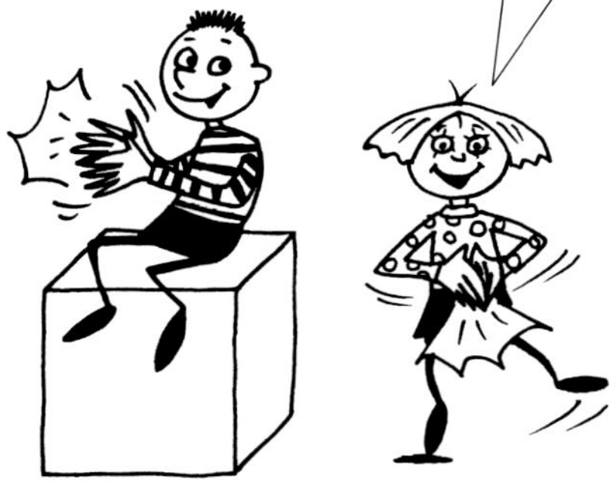

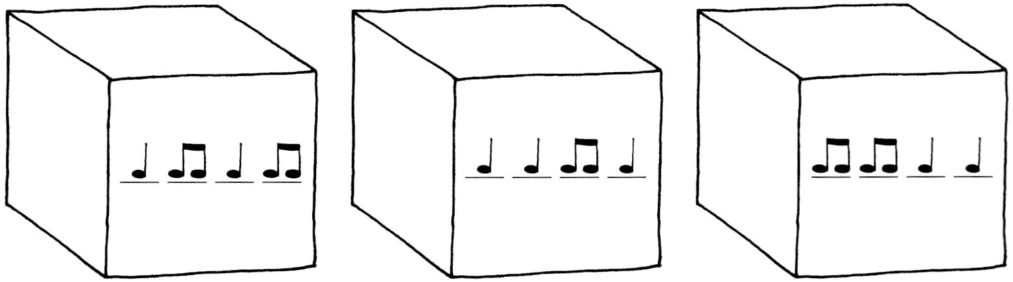

Verkehrs-Rap

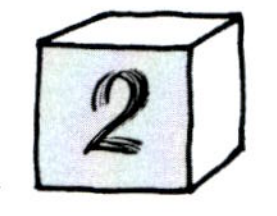

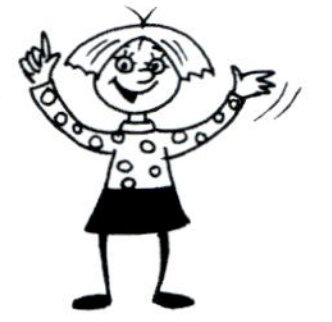

Hey Pit, jetzt rappen wir!

Hier haben sich falsche Wörter eingeschlichen. Streiche sie durch.

Alle: Was ist das?

1. Strophe: Fahrradklingel, Hupe, Kochtopf, Pizzateig, Rastplatz, Ölfilter, Rückspiegel, Gangschaltung,
Gaspedale, Schilder, Gurt, Helm, Feuerwehr, Fahrradlenker, Blinker, Rose, Spiegelei,
Scheinwerfer, Fußgänger, Sattelschlepper, Kinder.

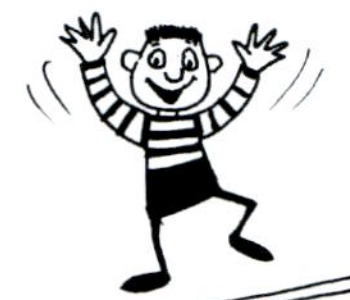

Refrain: Was ist wohl des Rätsels Lösung? Eigentlich ist's gar nicht schwer!
Alles das gehört einfach zum Straßenverkehr.

2. Strophe: Fernseher, Zahnbürste, Auto, Straßenbahn, Kühlerhaube, Rücksitz, Kupplung, Handschuhfach,
Krankenwagen, Blaulicht, Bremse, Polizei, Wasserfarben, Kuchen,
Reflektoren, Rücklicht, Schranke, Mittelstreifen, Zebrastreifen, Rücksicht.

Refrain: Das ist wohl des Rätsels Lösung! Eigentlich war's gar nicht schwer.
Alles das gehört einfach zum Straßenverkehr.

Alle: Das ist es!

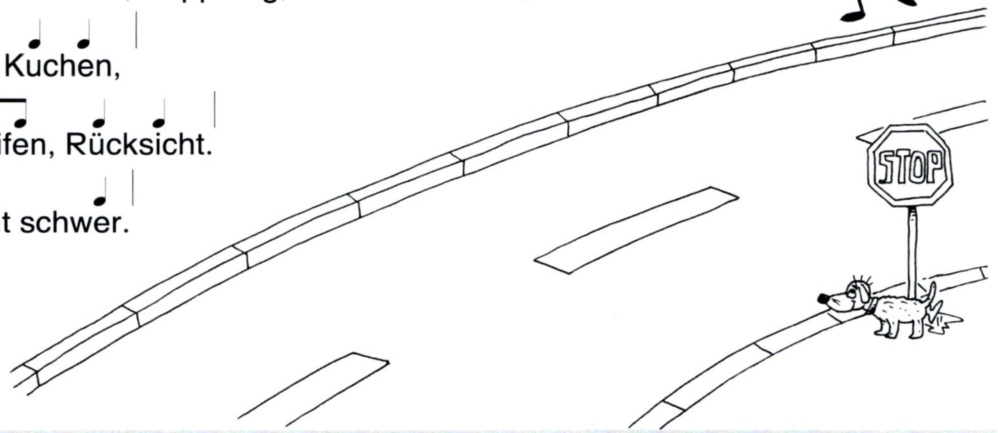

STOP

Drei Spieler (Gruppen) können den Rap so begleiten:
1. mit Fingerklopfen am Tischrand
2. mit Klatschen
3. mit Stampfen

Übungsstücke zum Rhythmus-Würfel 2 (Teil 1)

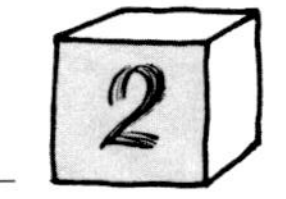

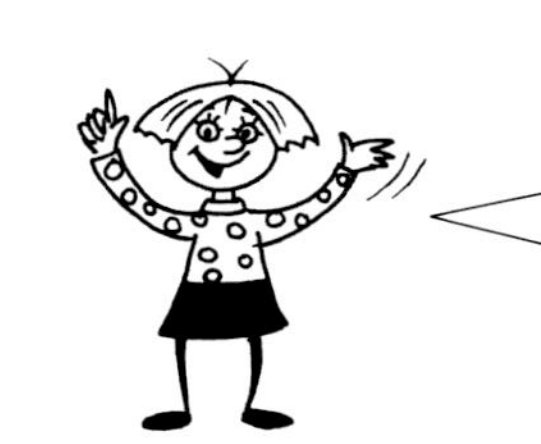

Spielt die Übungsstücke zum **Rhythmus-Würfel 2** gemeinsam auf Körperinstrumenten.

Hört sich richtig gut an!

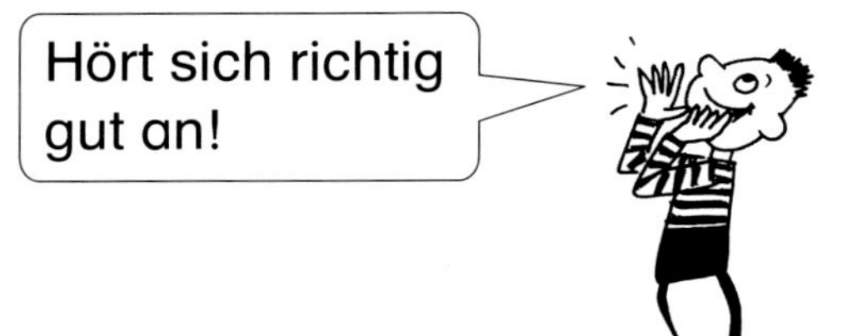

Übungsstück 1

1. Gruppe

2. Gruppe

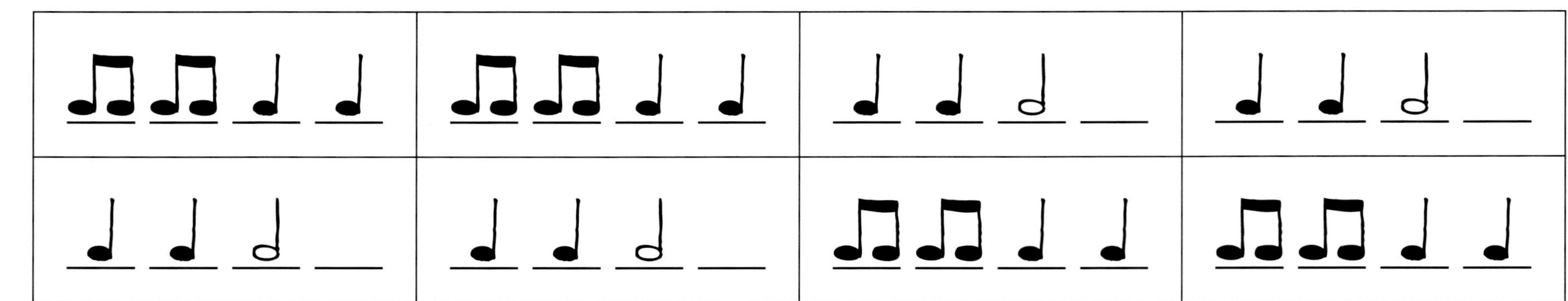

Übungsstück 2

1. Gruppe

2. Gruppe

Die Rhythmus-Mauer

2

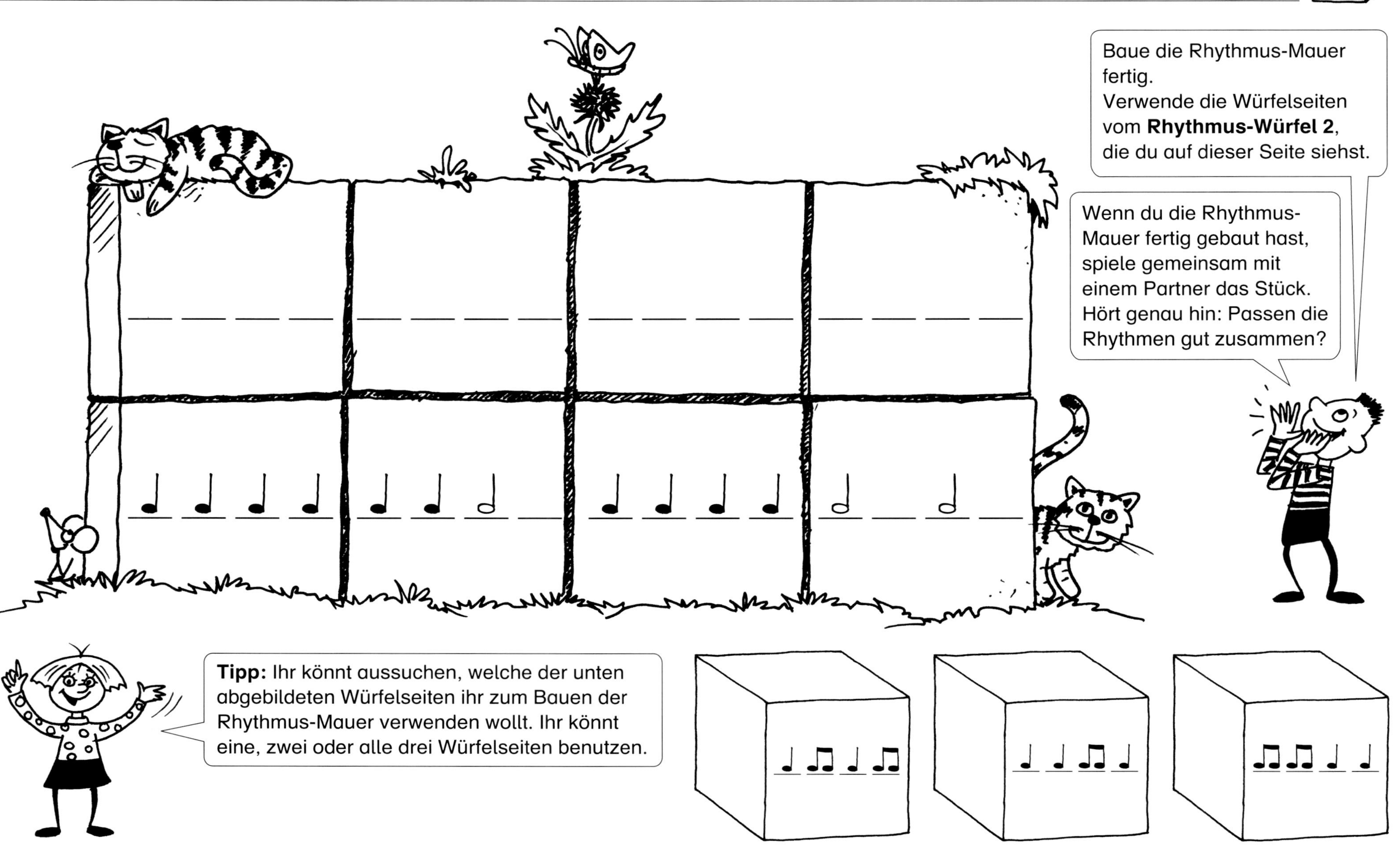

Rhythmen sprechen und klatschen

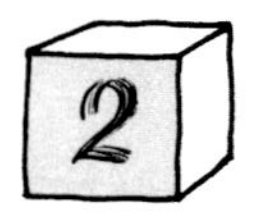

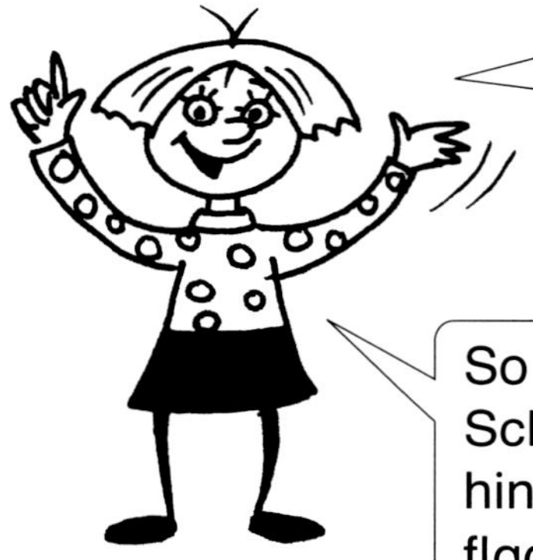

Sprecht zuerst die Rhythmen.
Klatscht sie dann.
Klatscht und sprecht sie hintereinander.
Probiert verschiedene Möglichkeiten aus.

So kannst du **Ti - ti** spielen:
Schlage dir zweimal schnell hintereinander mit der flachen Hand auf die Brust.

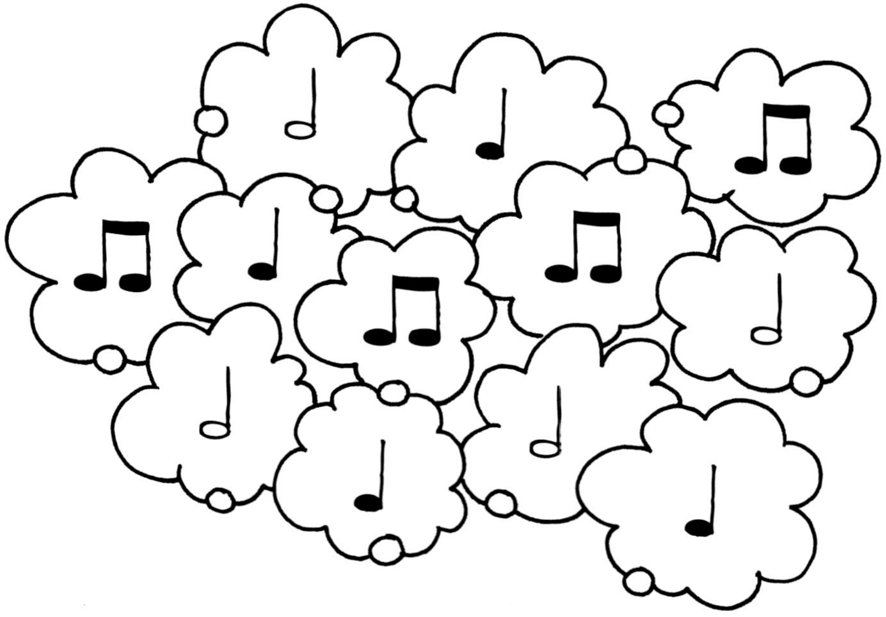

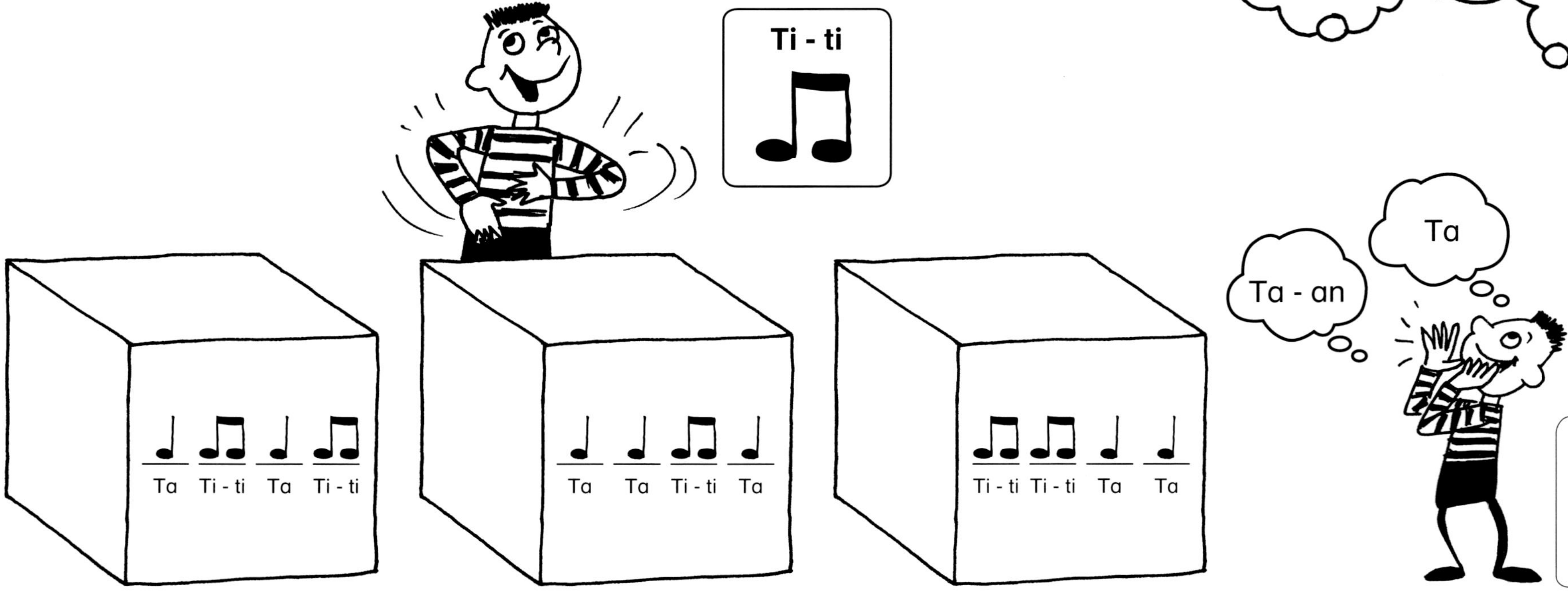

Ti - ti

Ta Ti - ti Ta Ti - ti

Ta Ta Ti - ti Ta

Ti - ti Ti - ti Ta Ta

Ta - an

Ta

Ti - ti

Verbinde die Wörter mit der richtigen Note. Male alle **Ti - ti** gelb an.

Ein Stück erfinden

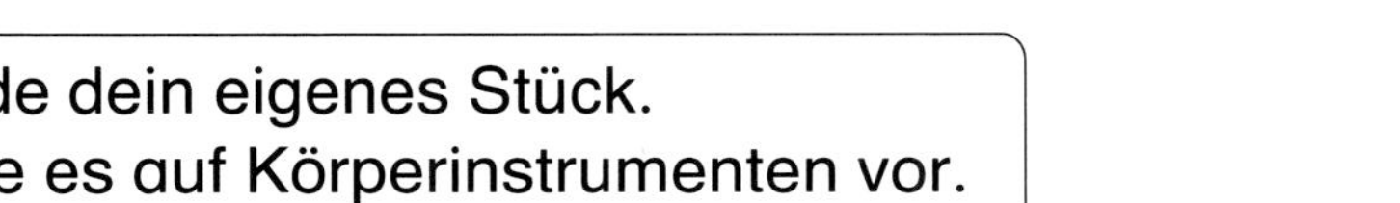

Erfinde dein eigenes Stück.
Spiele es auf Körperinstrumenten vor.

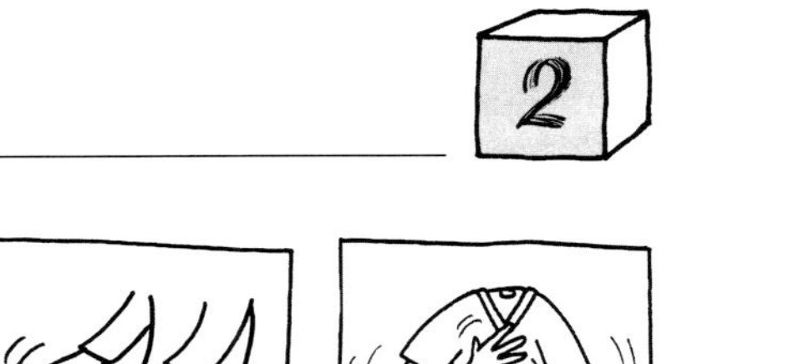
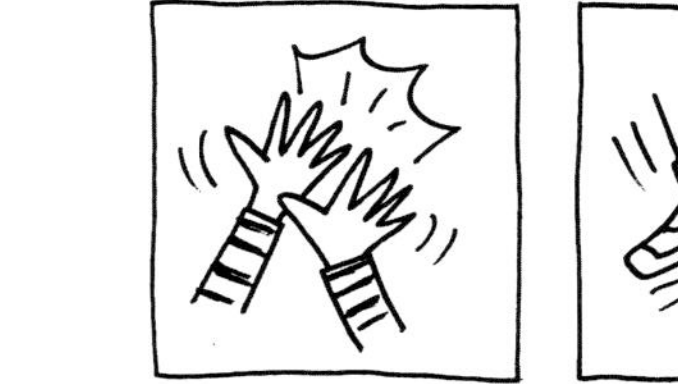
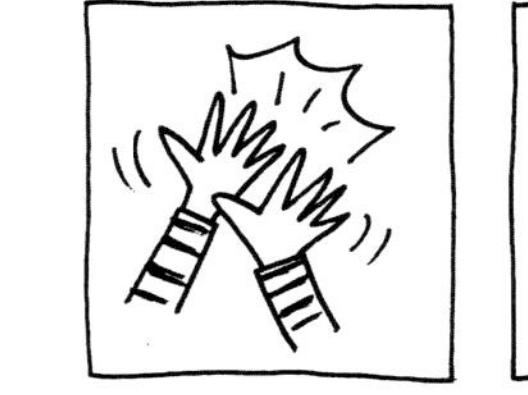

klatschen · stampfen · patschen · Ti - ti

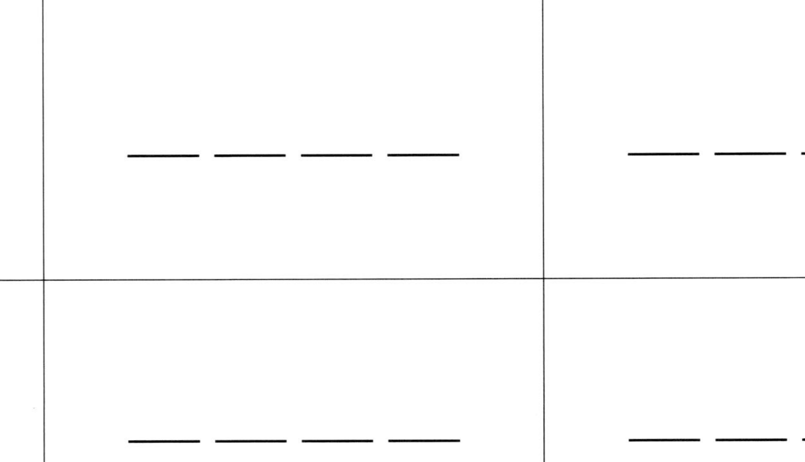

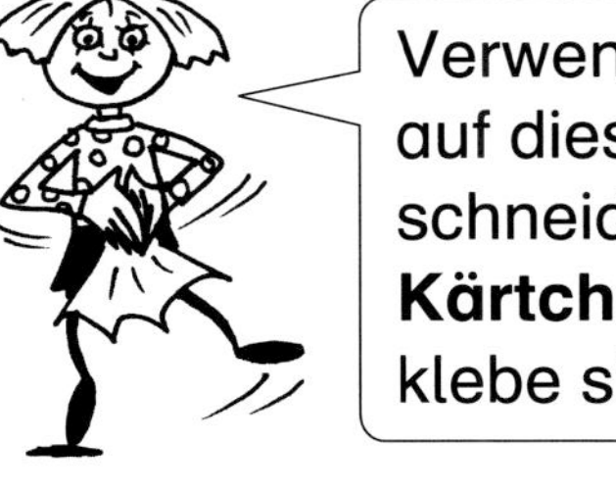

Verwende die Würfelseiten auf dieser Seite oder schneide die **Rhythmus-Kärtchen 4 und 5** aus und klebe sie auf.

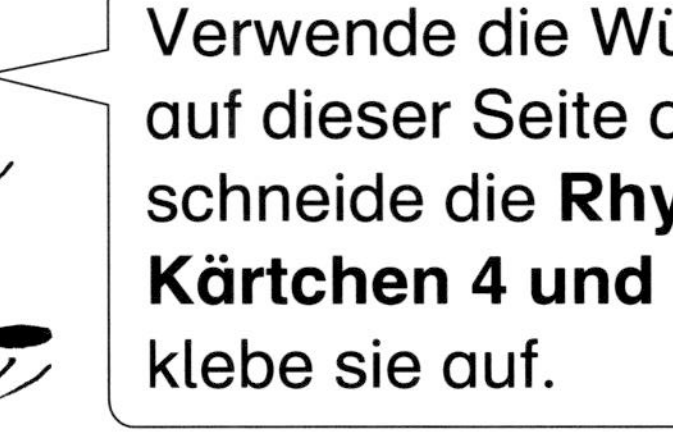
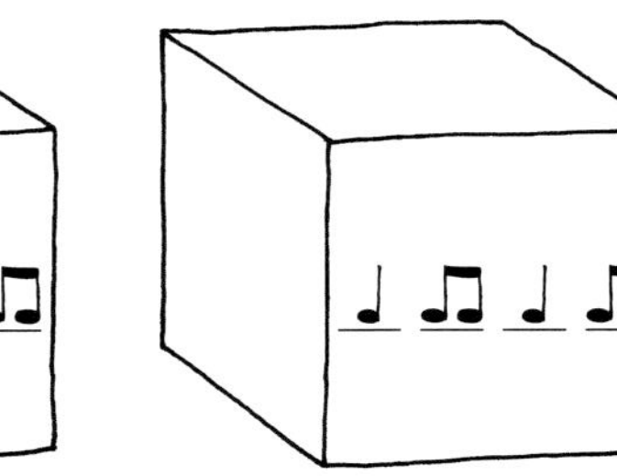
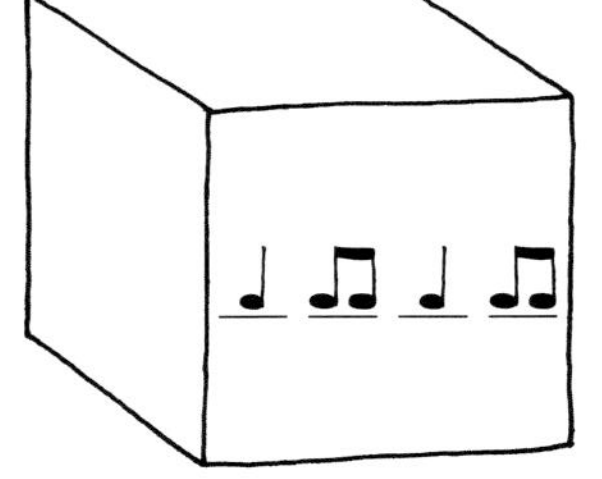
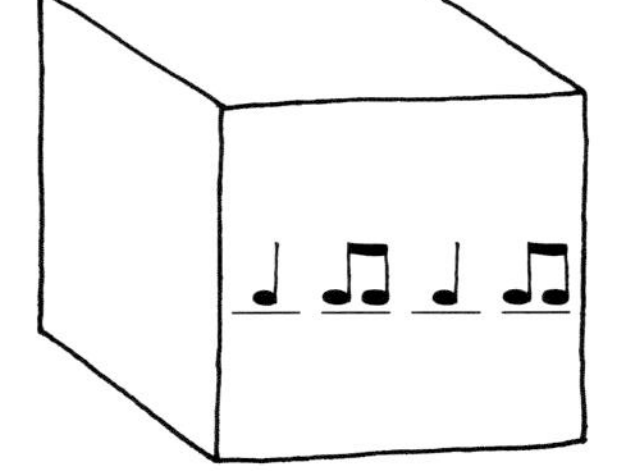
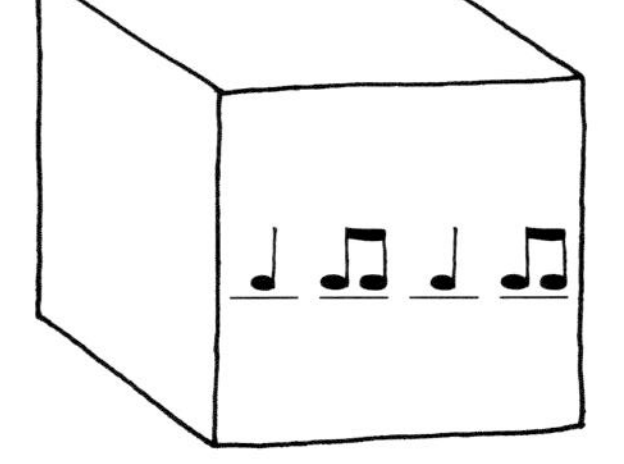
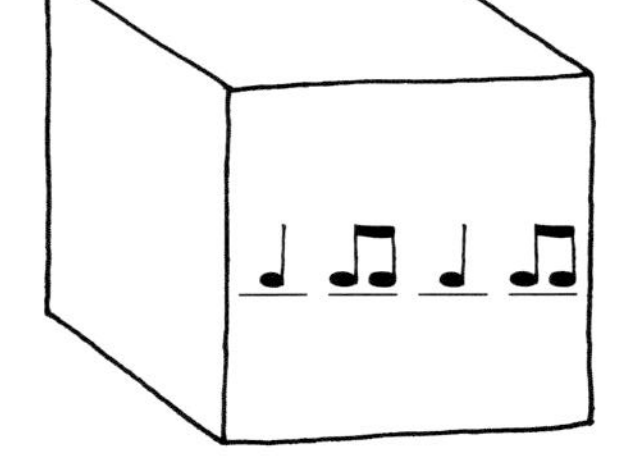
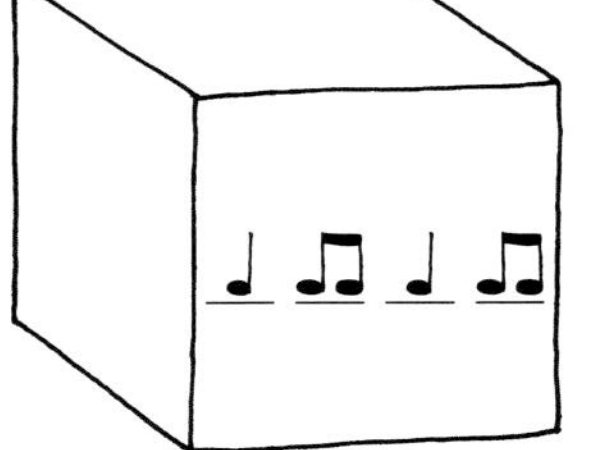
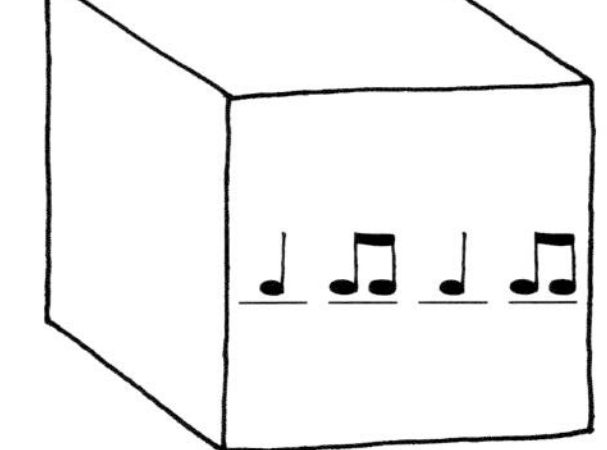
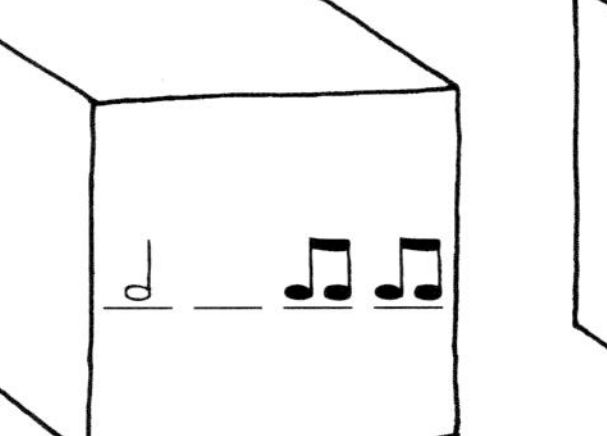
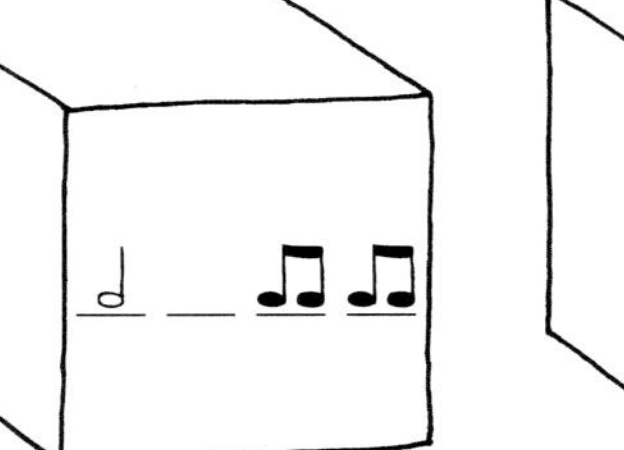
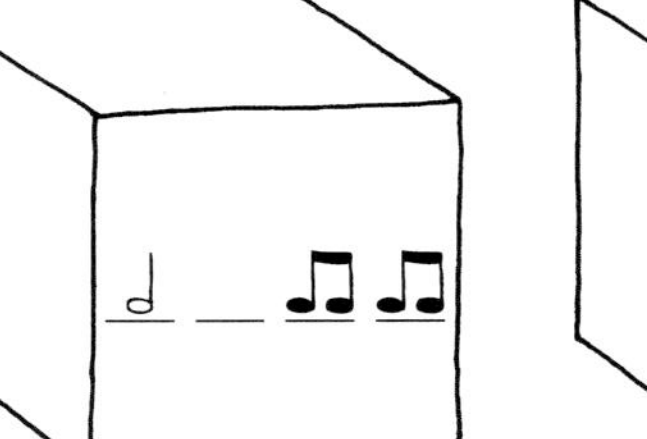
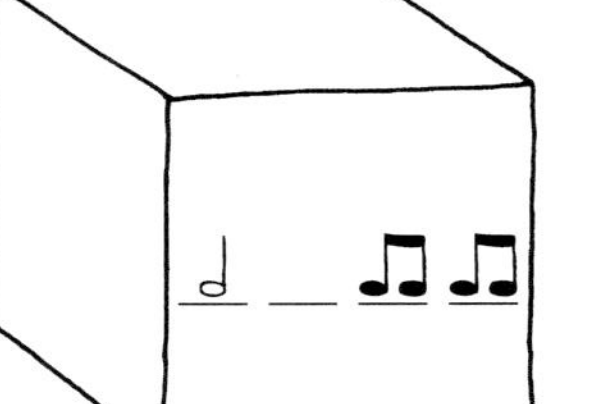

Im Dschungel

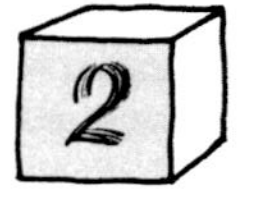

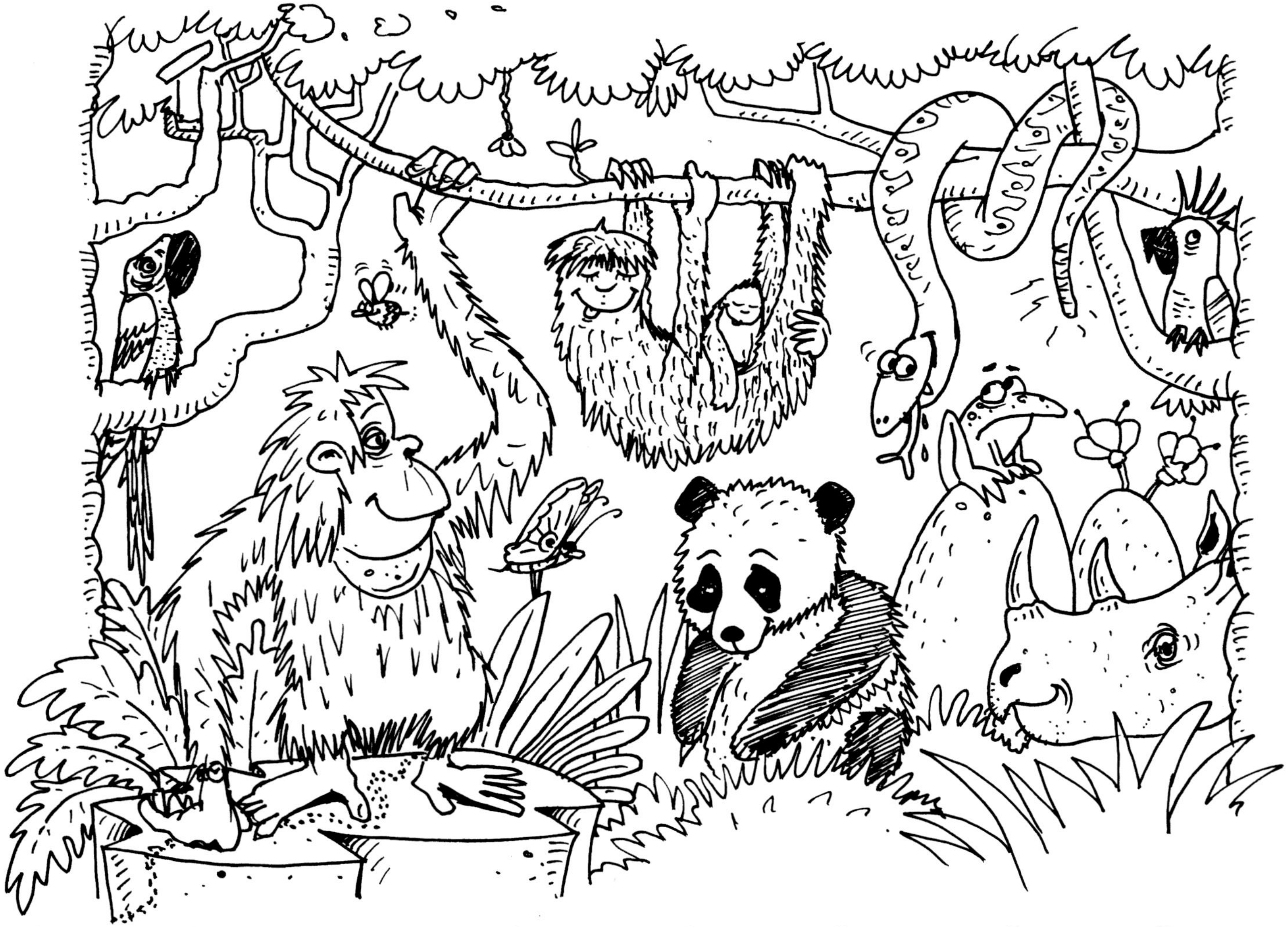

- ◯ Faultier
- ◯ Orang-Utan
- ◯ Papagei
- ◯ Klapperschlange
- ◯ Bär
- ◯ Frosch
- ◯ Kakadu
- ◯ Spitzmaulnashorn

Klatsche und sprich die Tiernamen und beachte dabei den Rhythmus der Wörter. Ordne dann den Rhythmus des Tiernamens den Kästchen zu. Beachte: In jedes Kästchen gehören zwei Tiernamen. Schreibe dann zu jedem Tier die richtige Zahl. Es sind verschiedene Lösungen möglich.

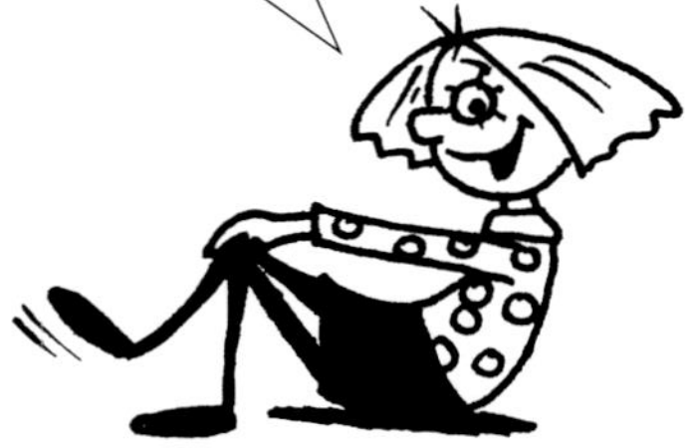

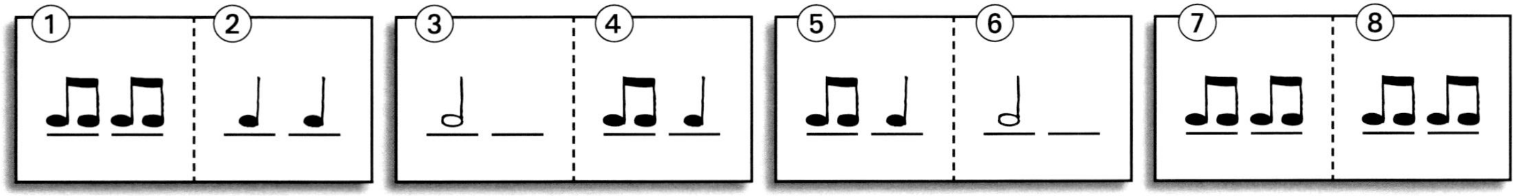

① ② ③ ④ ⑤ ⑥ ⑦ ⑧

Übungsstücke zum Rhythmus-Würfel 2 (Teil 2)

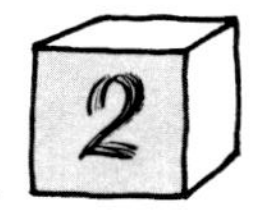

Übungsstück 3

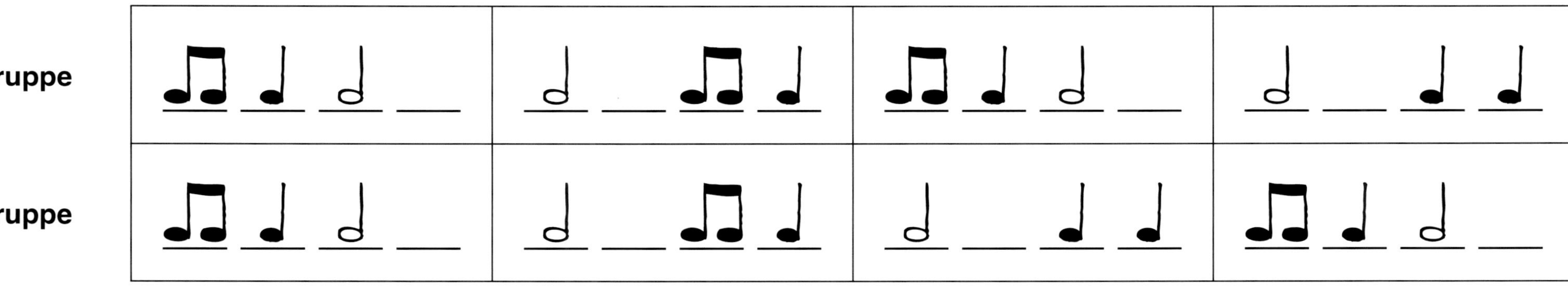

1. Gruppe

2. Gruppe

Übungsstück 4

1. Gruppe

2. Gruppe

Die Rhythmus-Mauer und das Wiederholungszeichen

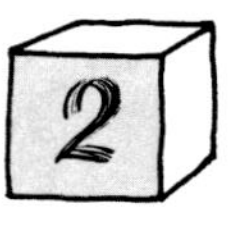

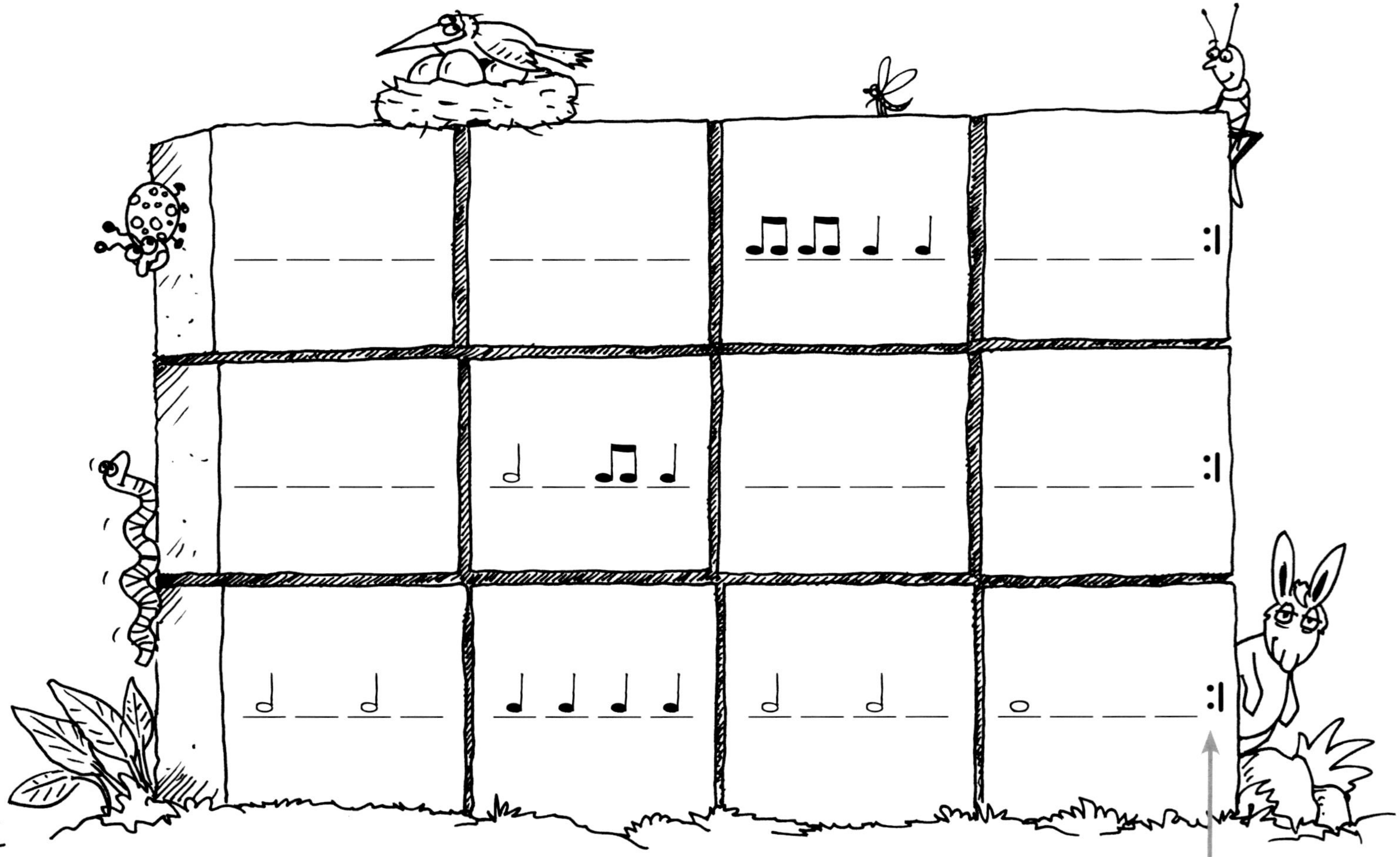

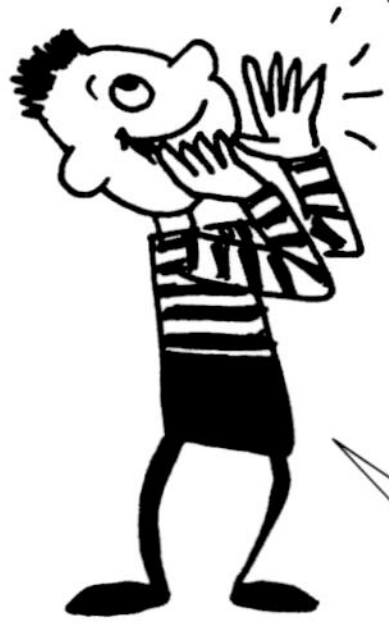

Bei dieser Rhythmus-Mauer fehlen viele Noten. Setze sie ein. Verwende dafür die **Rhythmus-Würfel 1 und 2**!

Spielt das Stück zu dritt!

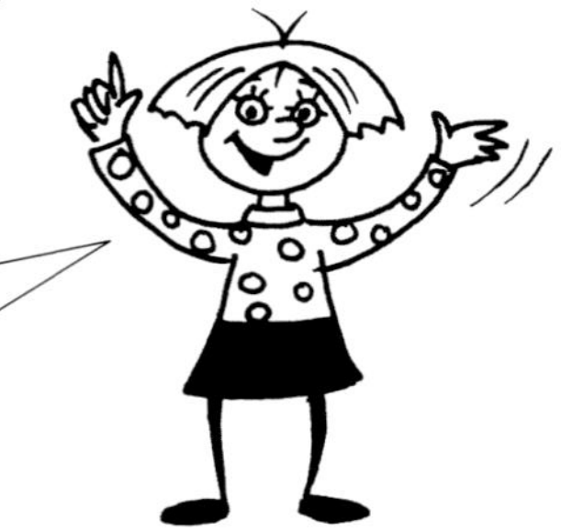

Das ist ein **Wiederholungszeichen**. Es bedeutet, dass ihr das Stück noch einmal spielen sollt!

Körperinstrumente (1)

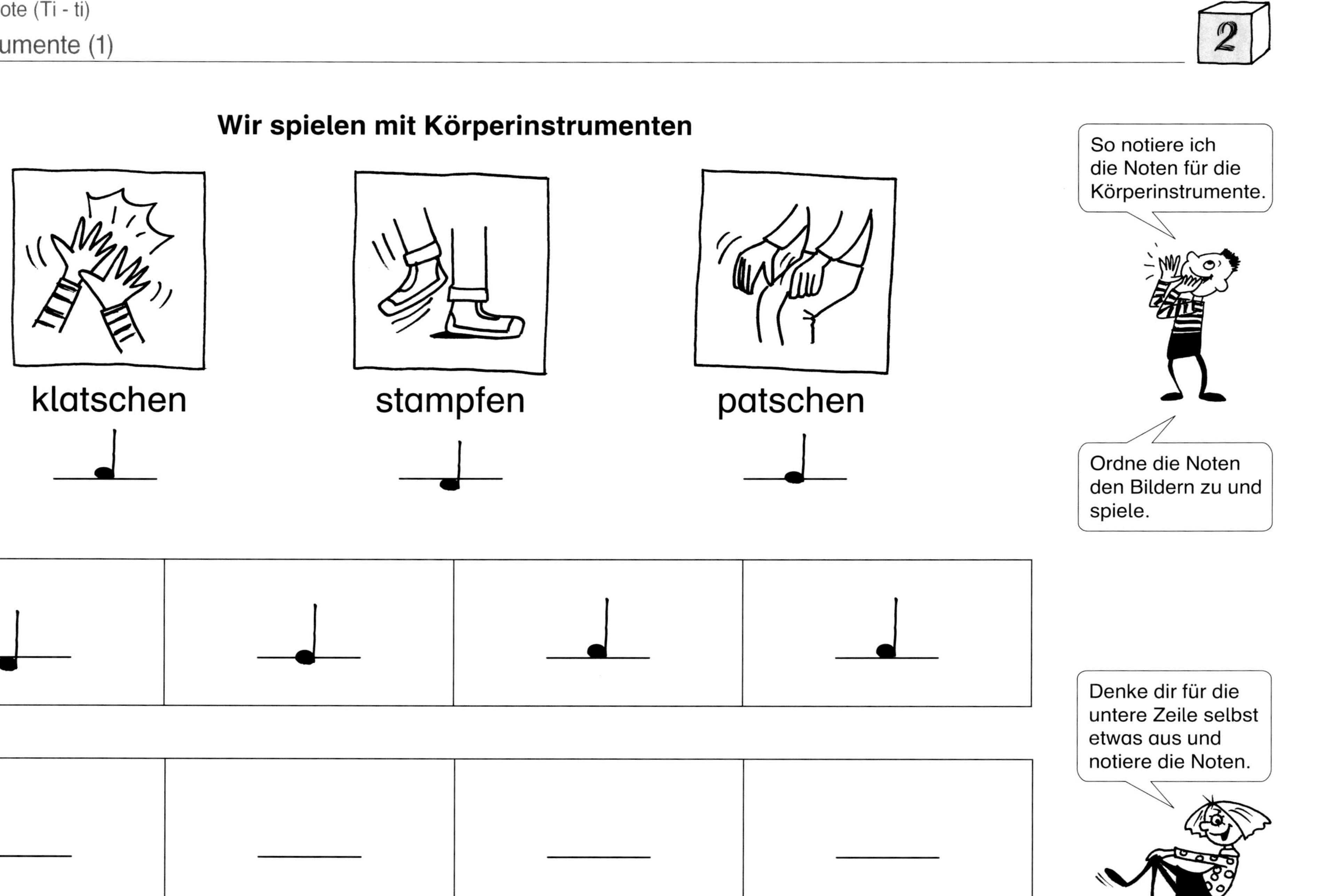

Körperinstrumente (2)

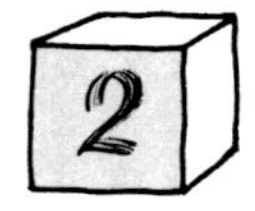

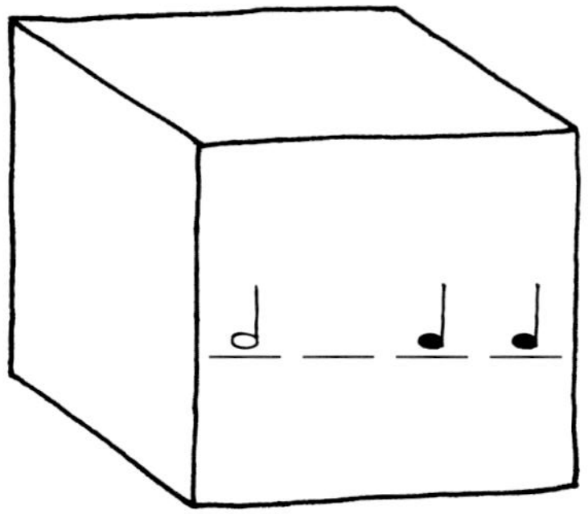

Spielt die einzelnen Würfel von dieser Seite auf **Körperinstrumenten**. Schreibt auf die Linie unter jedem Würfel, mit welchem Körperinstrument der Würfel gespielt werden soll.

Schafft ihr es auch, mehrere Würfel auf verschiedenen Körperinstrumenten hintereinander zu spielen?

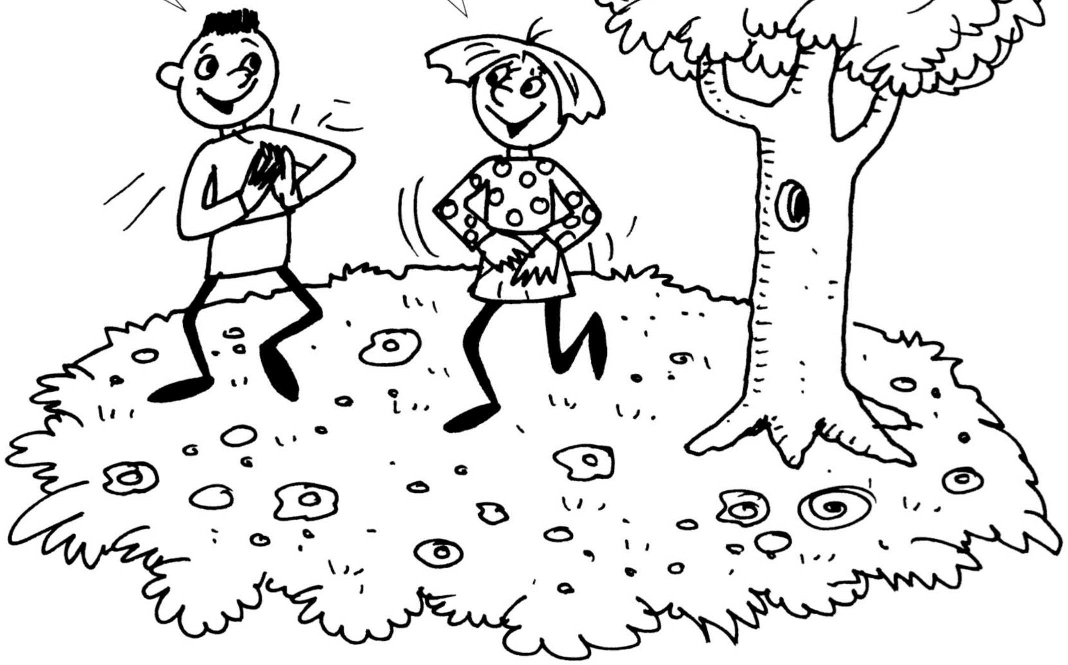

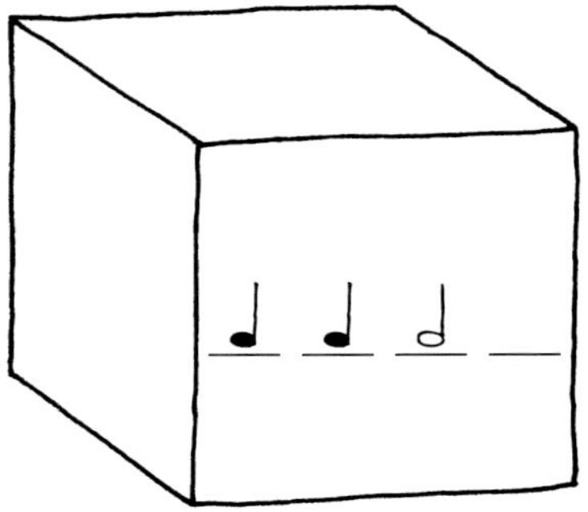

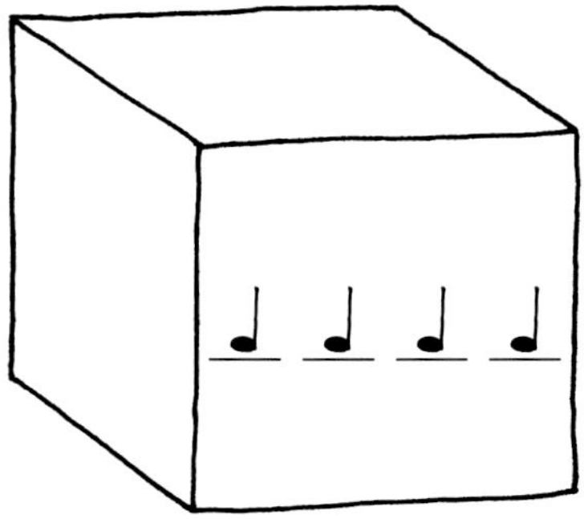

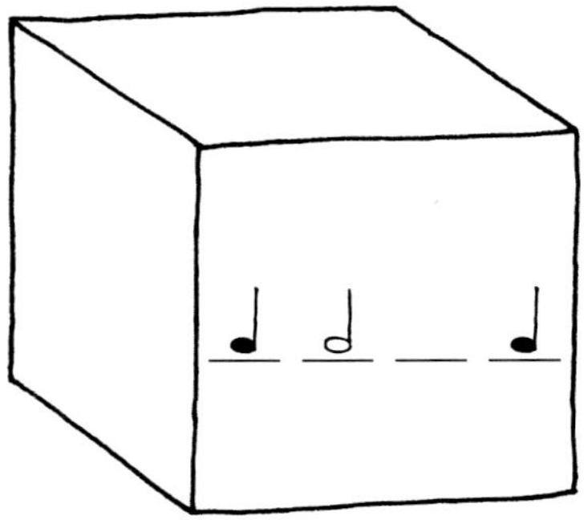

Instrumente spielen

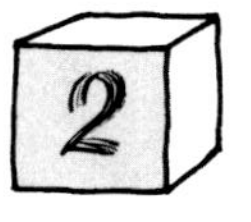

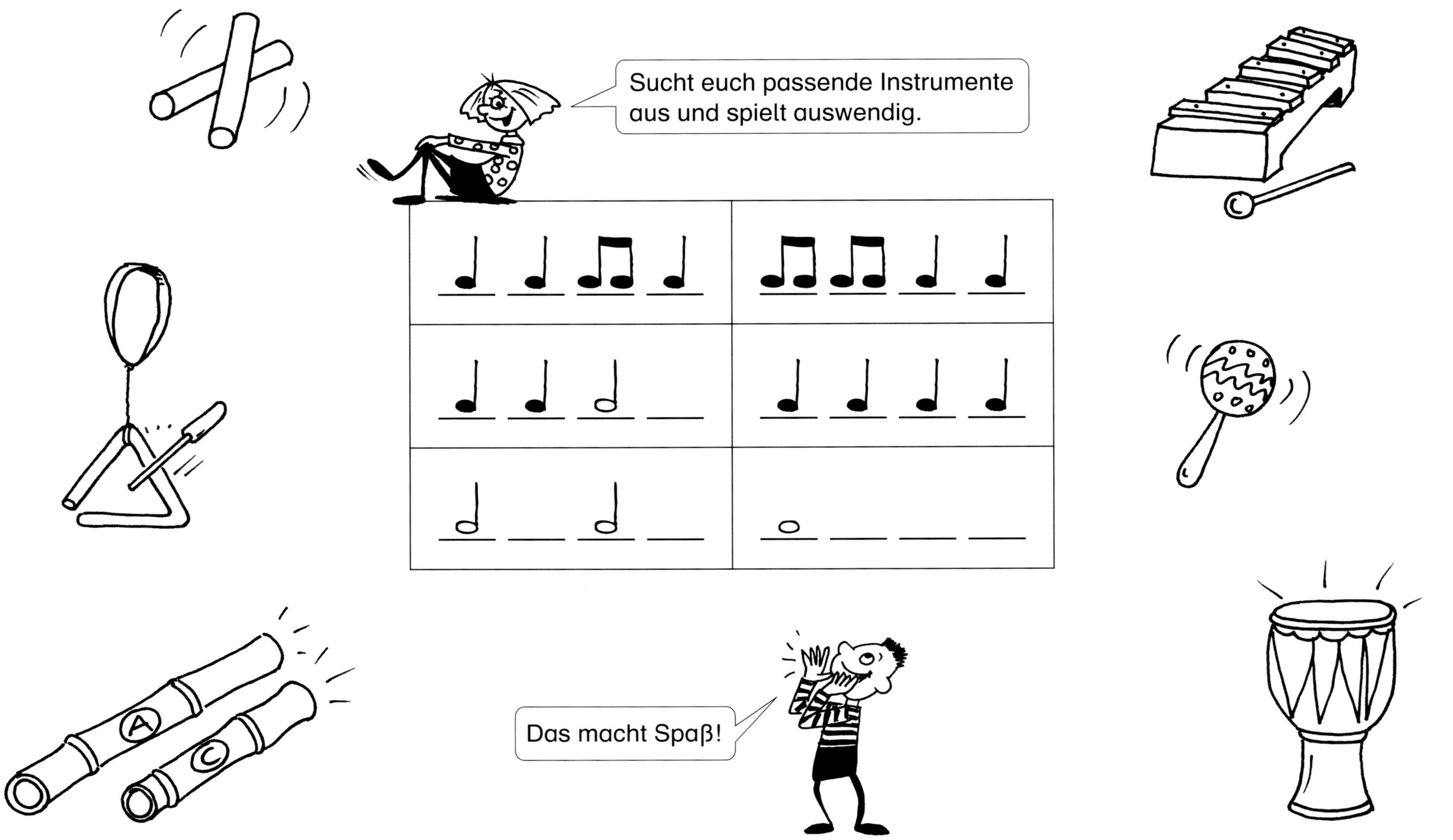

Sucht euch passende Instrumente aus und spielt auswendig.

Das macht Spaß!

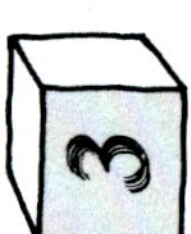

Rhythmus-Würfel 3

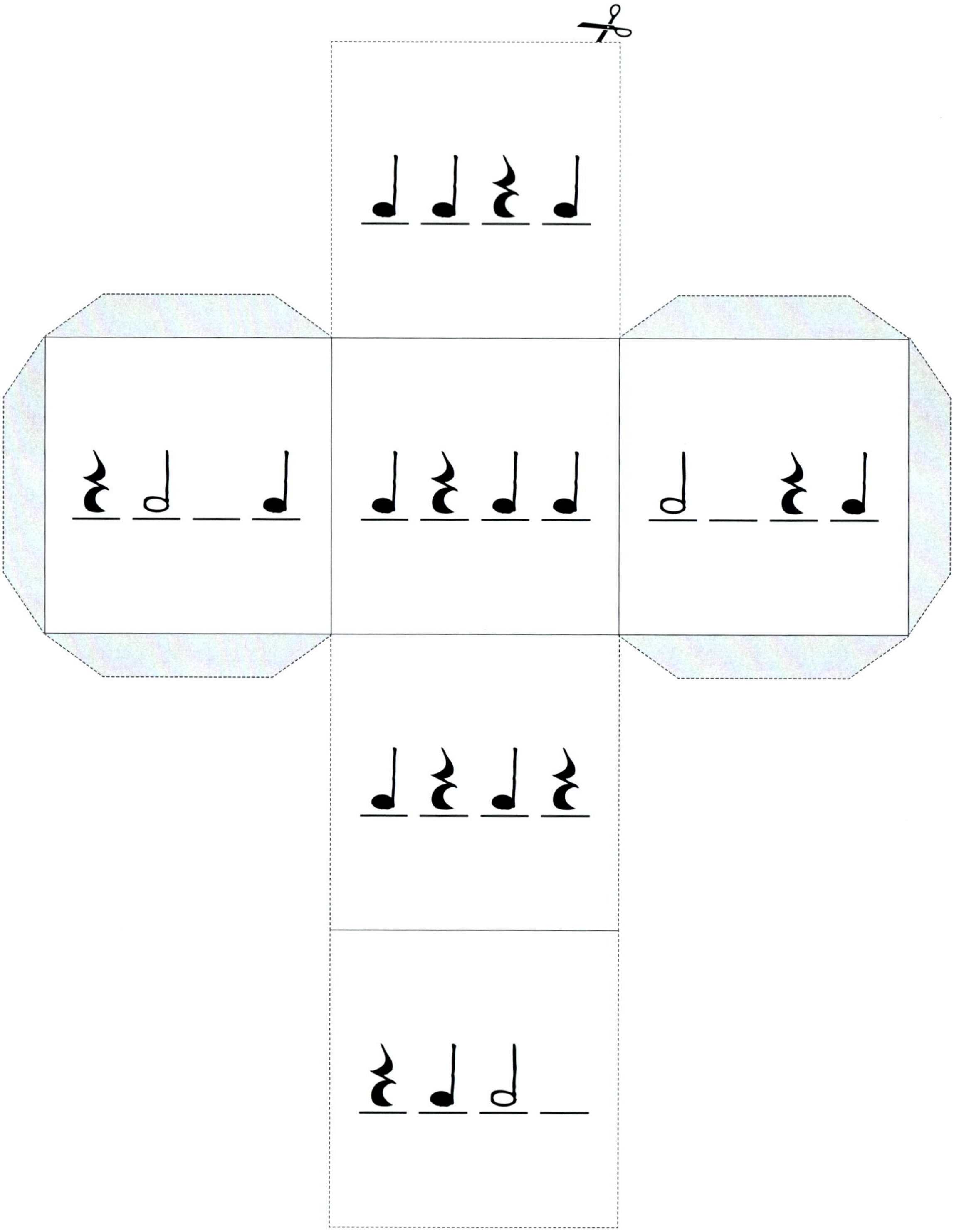

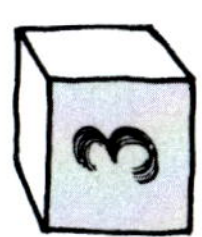

Rhythmus-Würfel 4

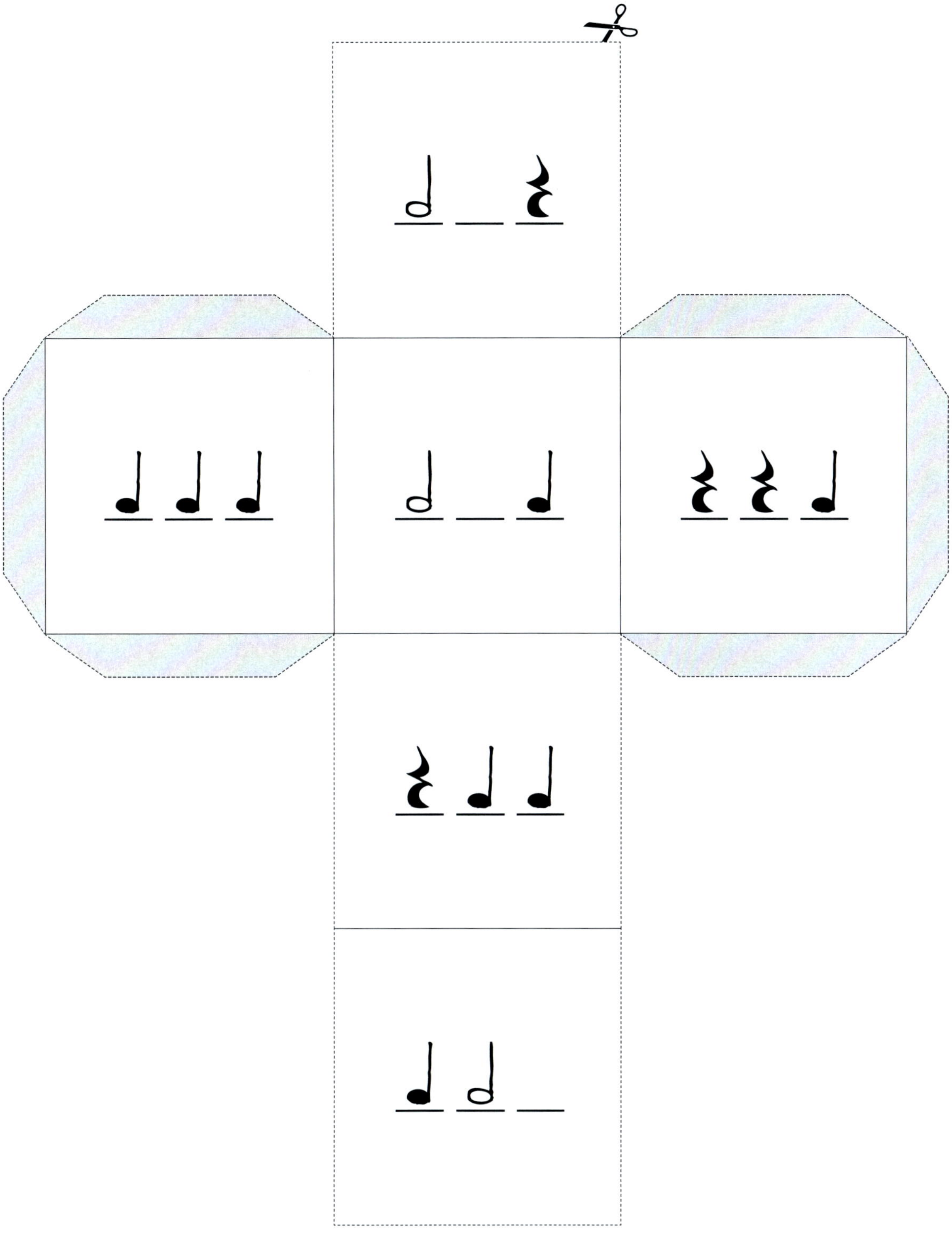

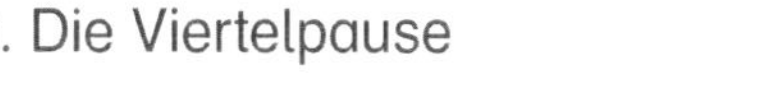

Wiederholung: Viervierteltakt

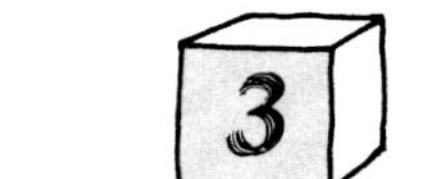

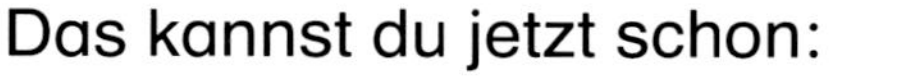

Das kannst du jetzt schon:

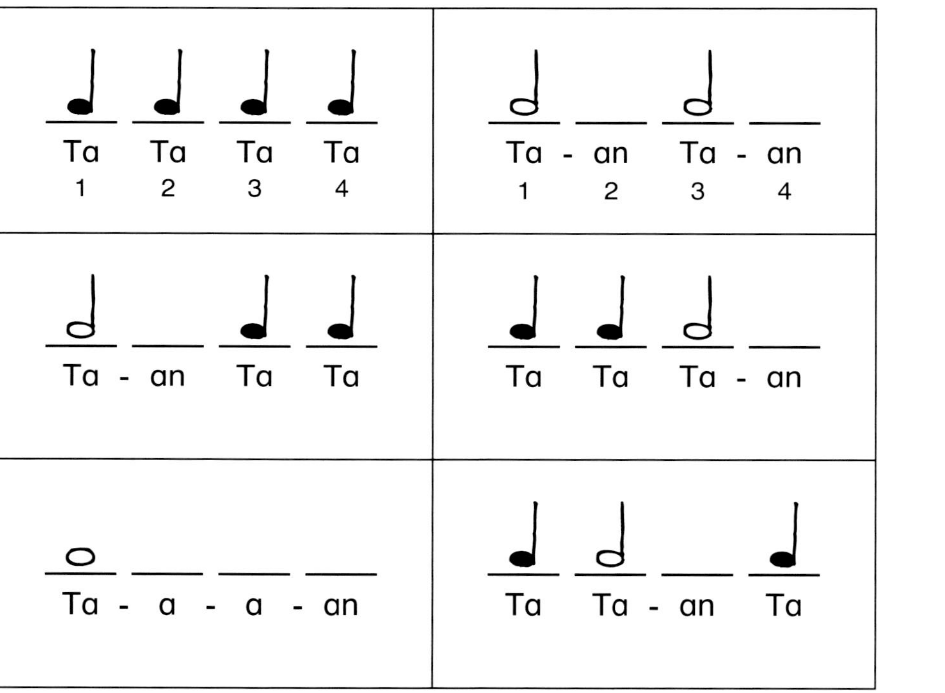

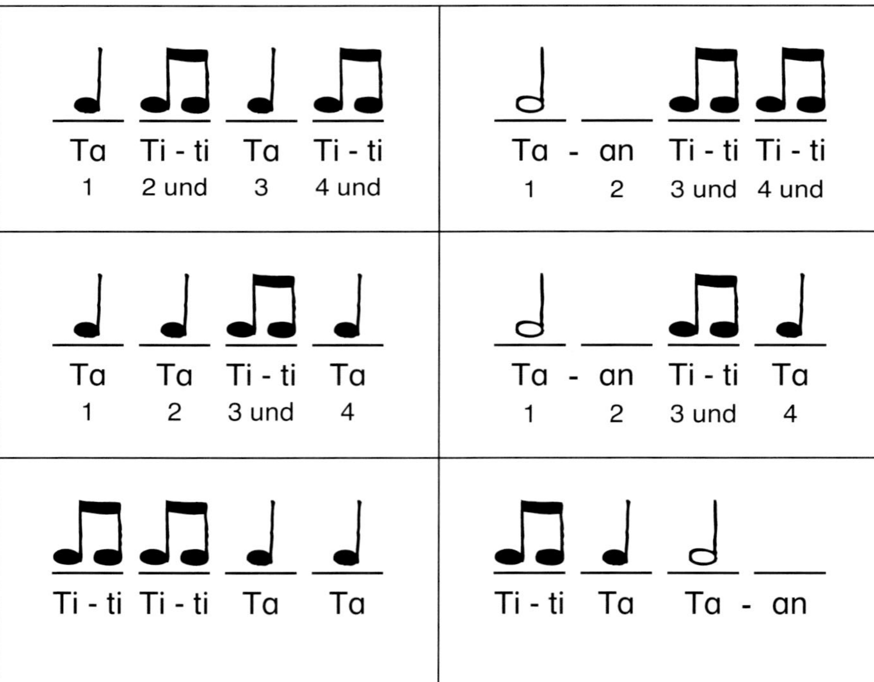

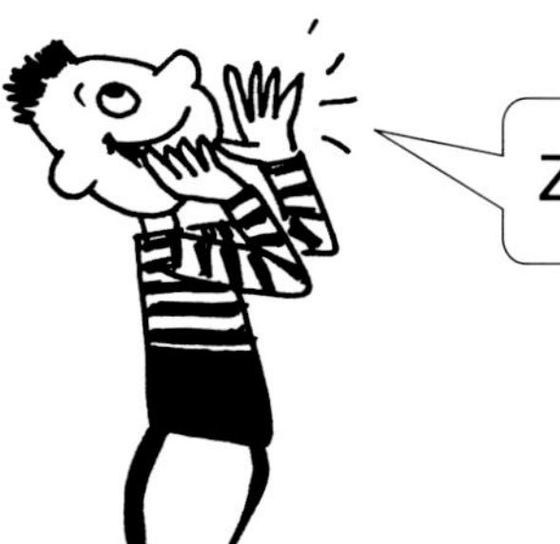

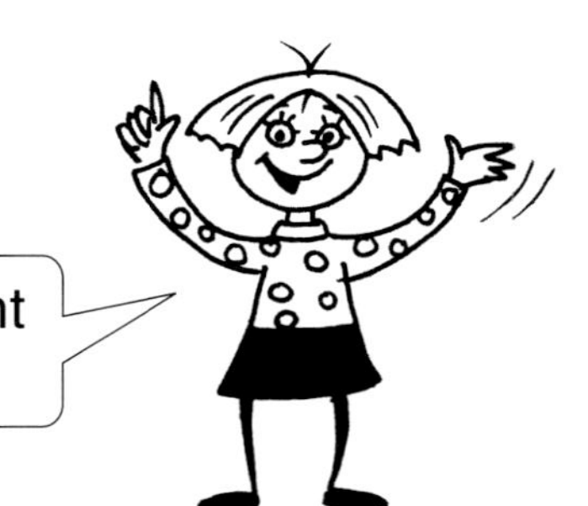

Dschungel-Lied (Vorbereitung)

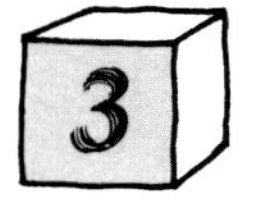
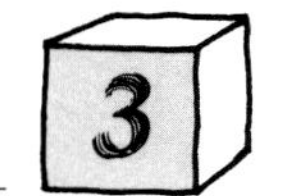

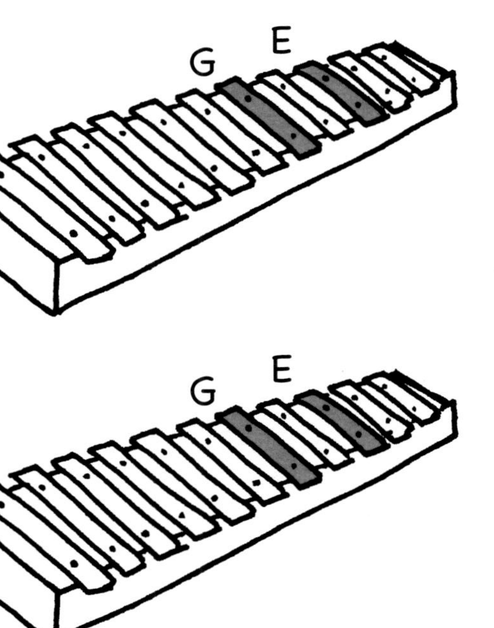

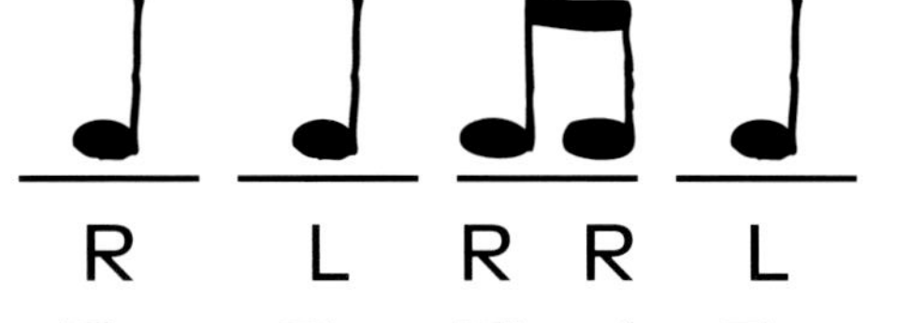

Spiele das **G** mit der rechten Hand (R) und das **E** mit der linken Hand (L).

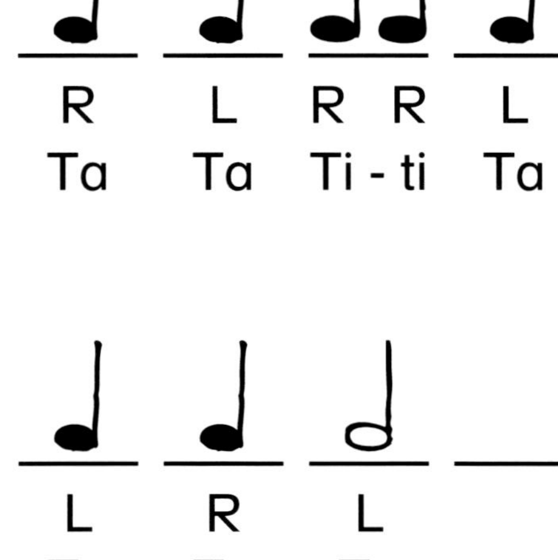

R	L	R R	L
Ta	Ta	Ti - ti	Ta

L	R	L	
Ta	Ta	Ta -	an

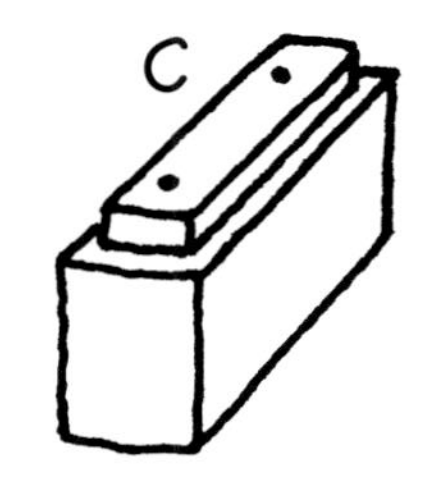

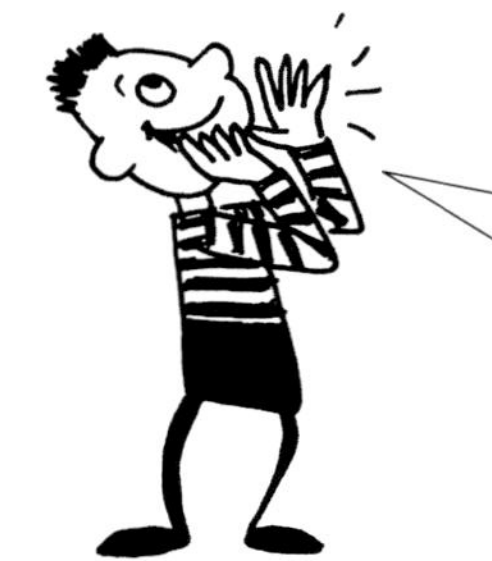
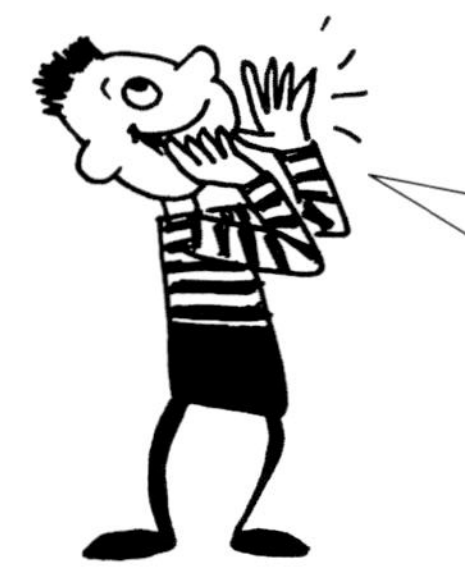

Spiele das **C** mit der rechten Hand (R).

Ta - a - a - an

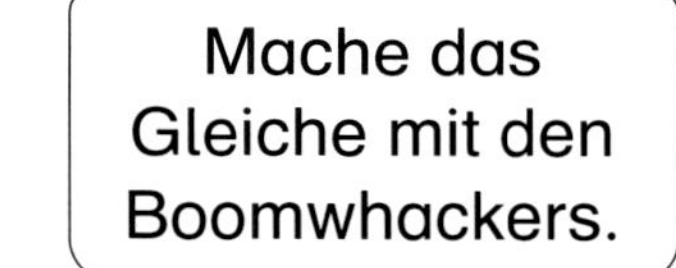

Mache das Gleiche mit den Boomwhackers.

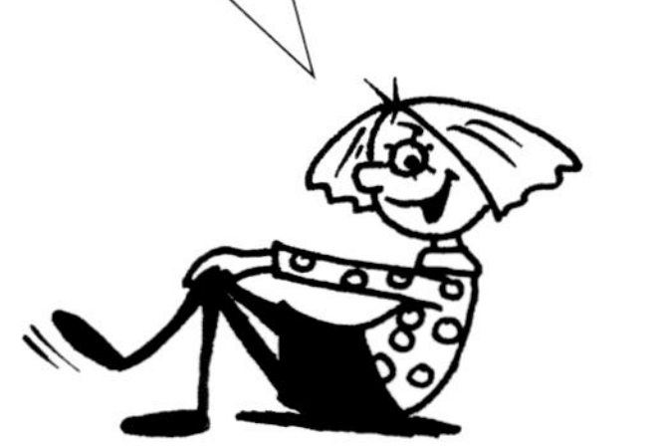

Dschungel-Lied (vierstimmig spielen)

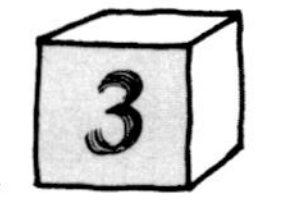

1. Spiele **Ta** mit der linken Hand (L) auf dem **E** und **Ti - ti** mit der rechten Hand (R) auf dem **F.**

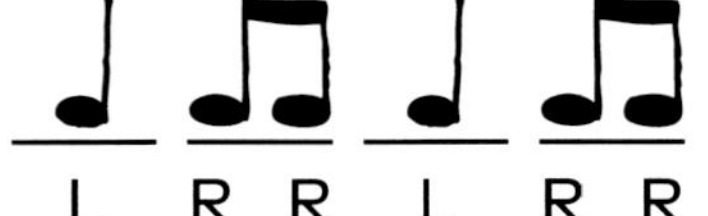

2. Spiele **Ta** mit der linken Hand (L) auf dem **C** und **Ti - ti** mit der rechten Hand (R) auf dem **D.**

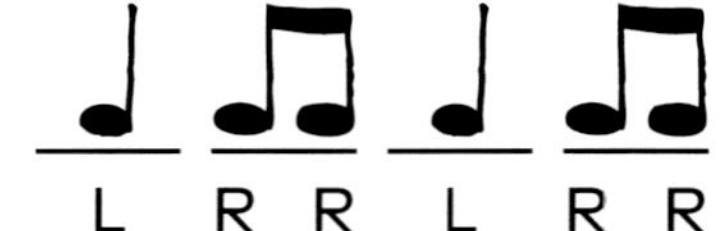

3. Spiele **Ta** mit der linken Hand (L) auf dem **G** und **Ti - ti** mit der rechten Hand (R) auf dem **A.**

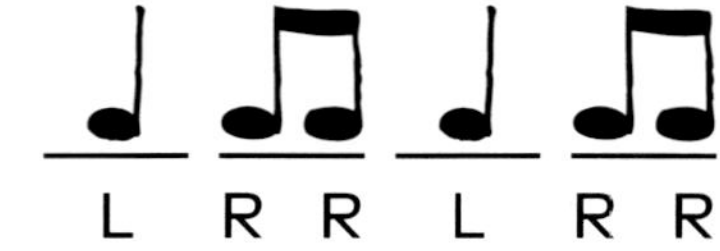

4. Spiele das **C** mit der linken Hand (L) und das **G** mit der rechten Hand (R).

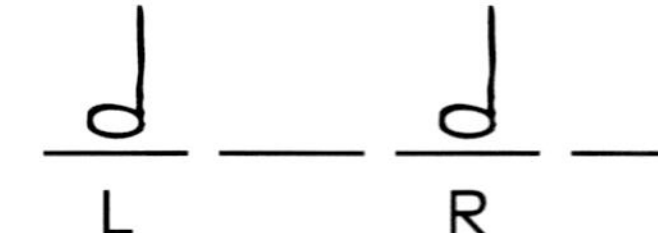

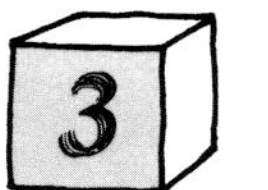

Sch – das Pausenzeichen (1)

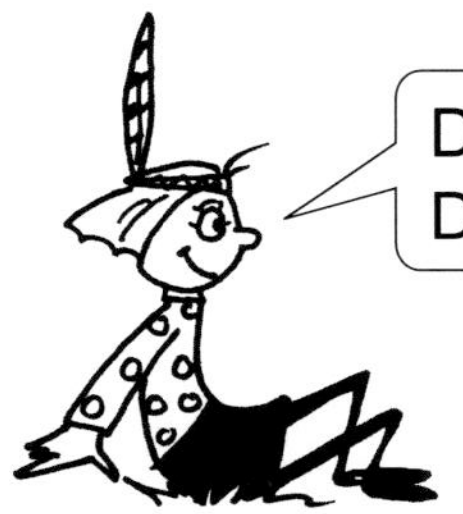

Darf ich vorstellen: Die **Pause**!

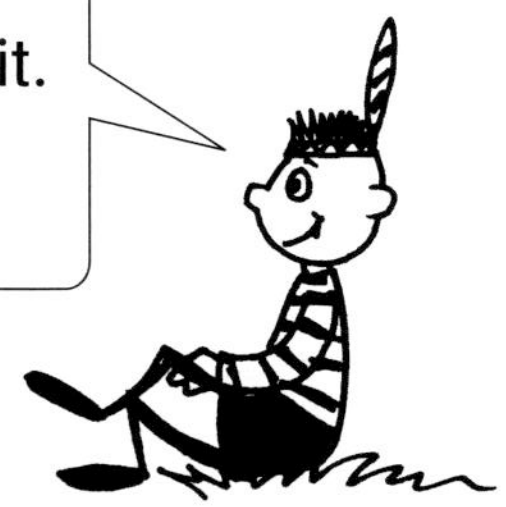

Die Schlange schleicht **geräuschlos**. Gib ihr genug Zeit. Sie braucht genauso lange wie eine **Ta**-Note.

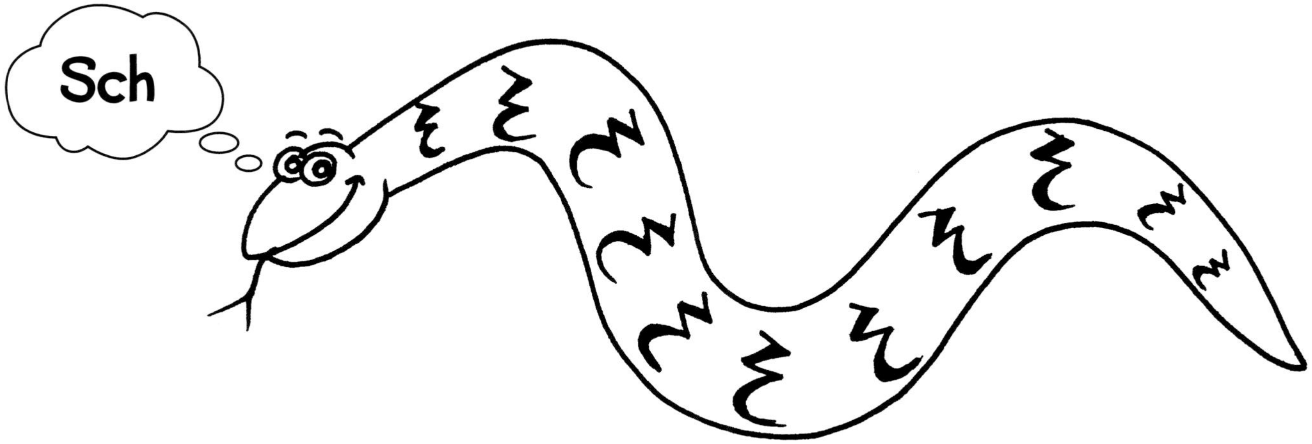

Sch

Das Pausenzeichen ist gar nicht so schwer zu schreiben, wie es aussieht. Probiere es!

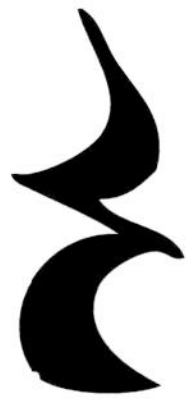

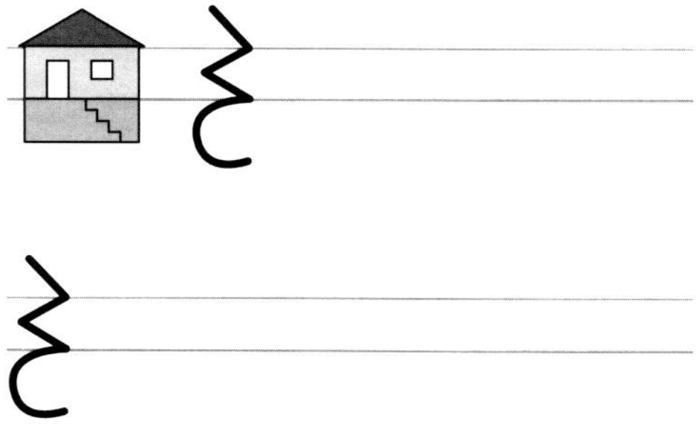

Sprecht und klatscht die neuen Rhythmen.

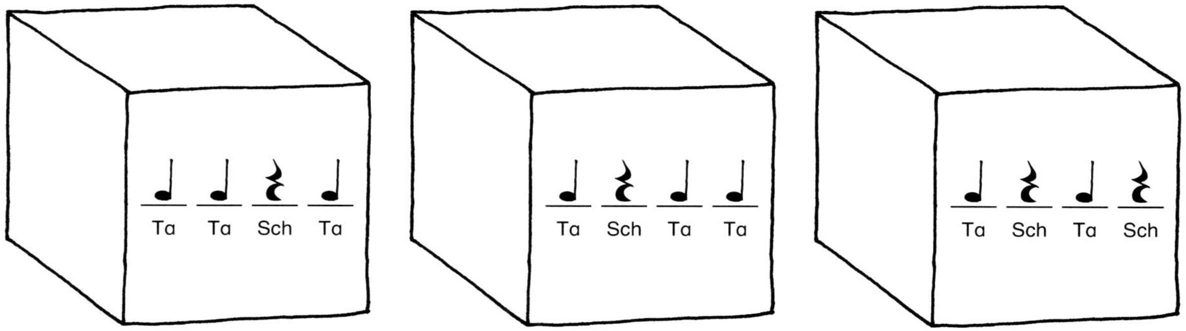

Ta Ta Sch Ta

Ta Sch Ta Ta

Ta Sch Ta Sch

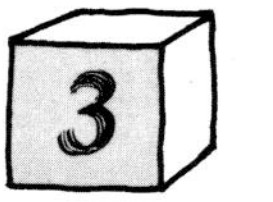

Sch – das Pausenzeichen (2)

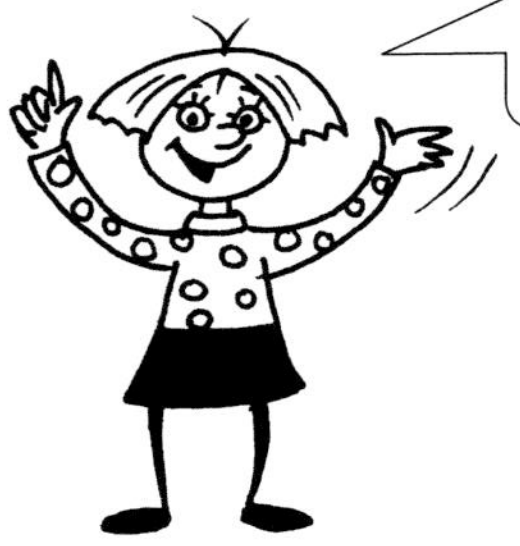

Erfinde dein eigenes Stück und nutze dafür die **Würfelseiten** unten. Schreibe dann dein eigenes Stück in die Schlange und spiele es auf Körperinstrumenten vor.

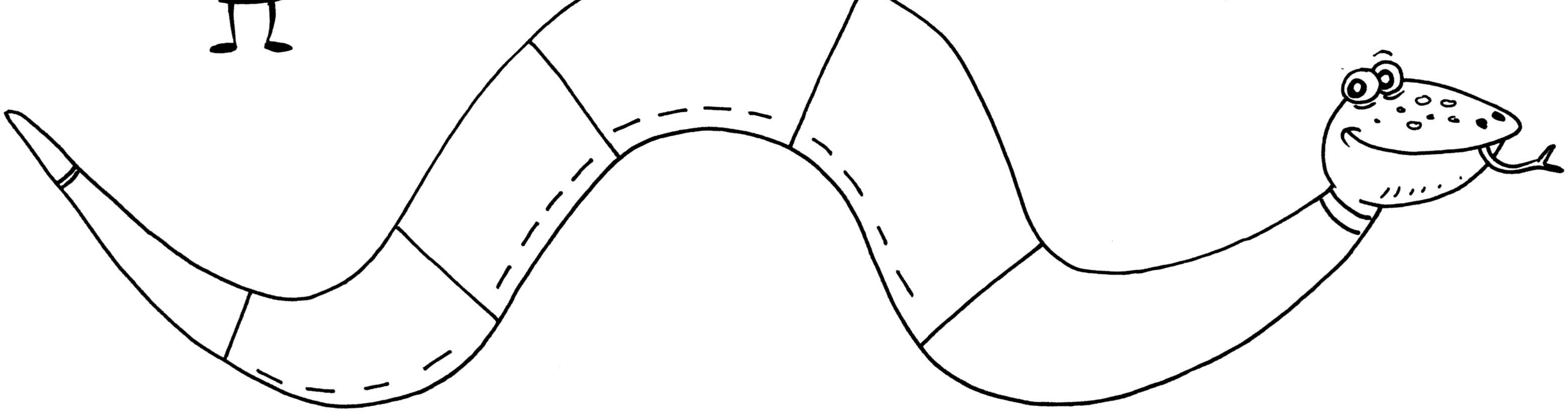

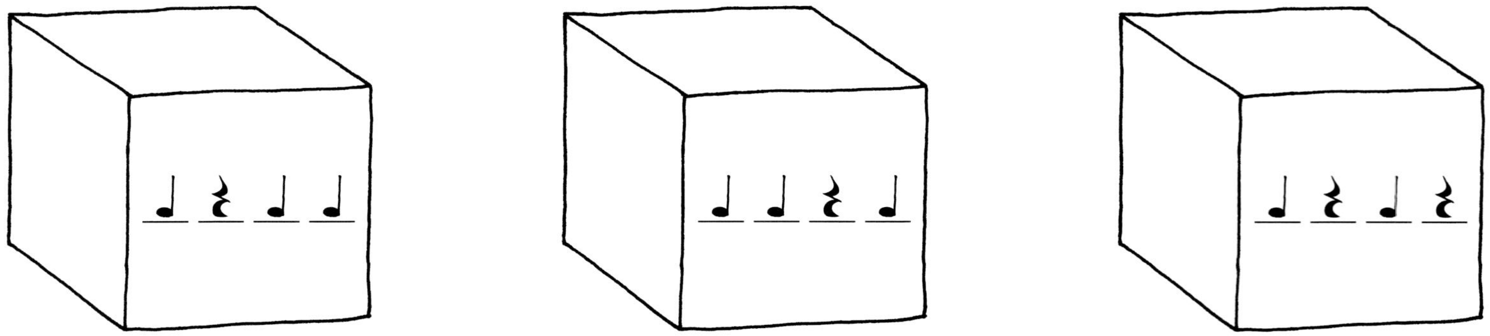

Sch – das Pausenzeichen (3)

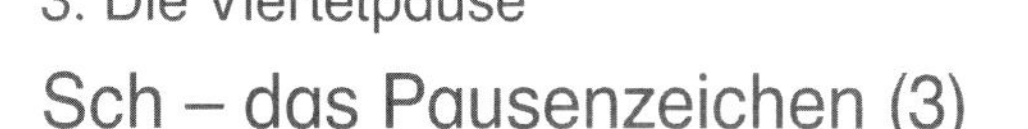

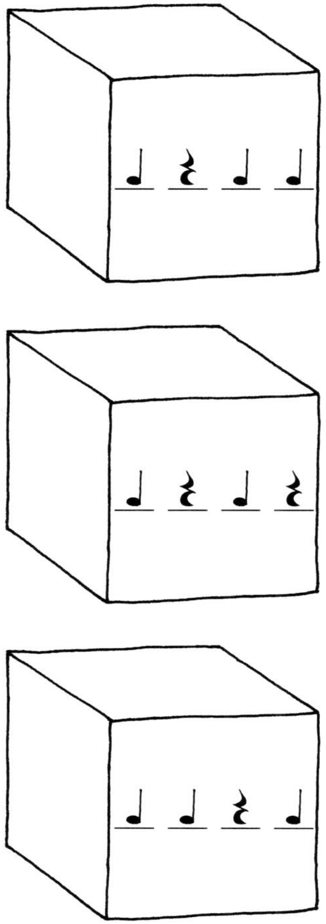

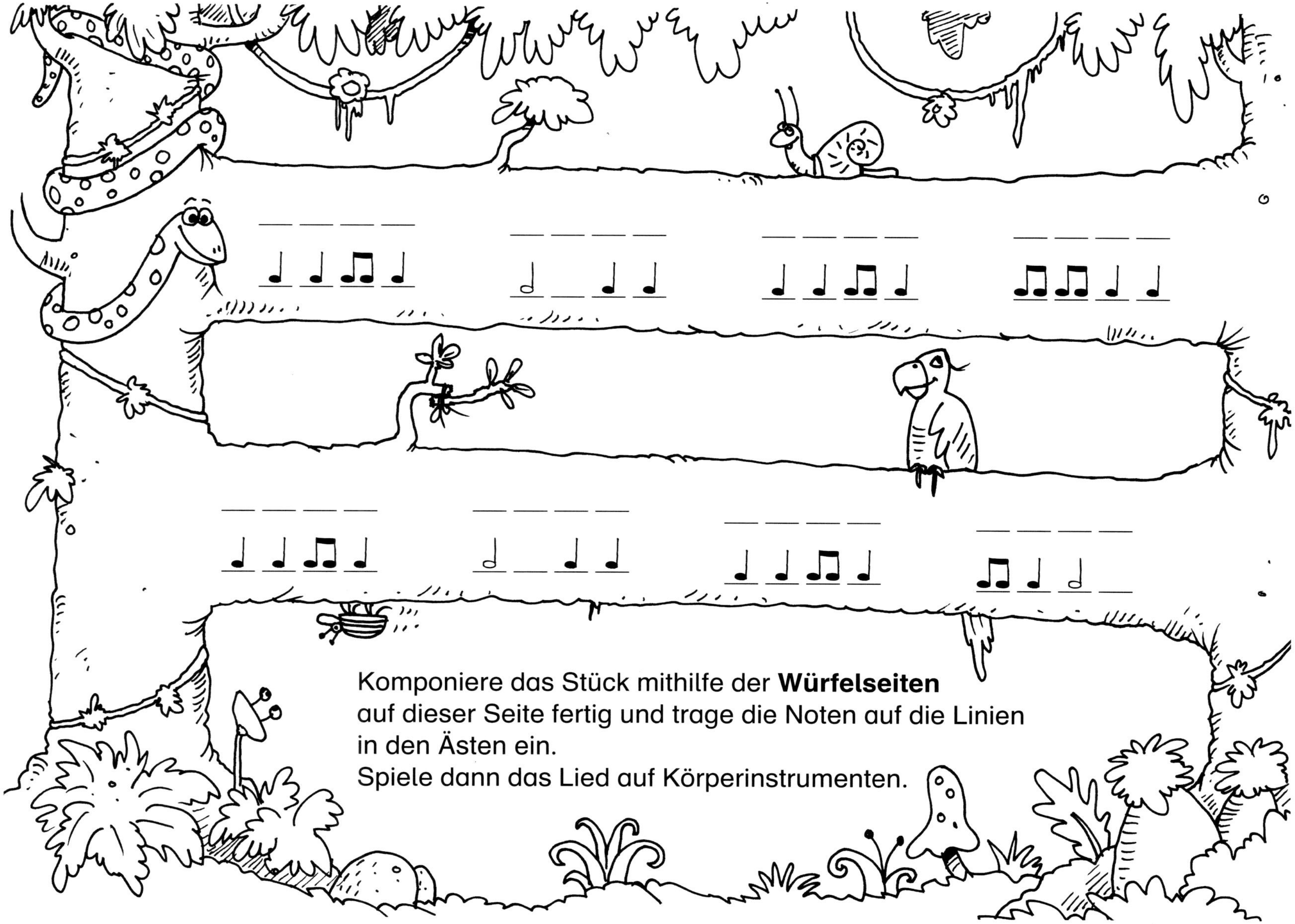

Komponiere das Stück mithilfe der **Würfelseiten** auf dieser Seite fertig und trage die Noten auf die Linien in den Ästen ein.
Spiele dann das Lied auf Körperinstrumenten.

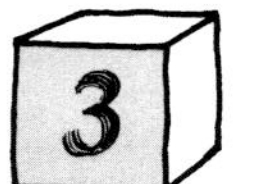

Übungsstücke zum Rhythmus-Würfel 3 (Teil 1)

Vorschlag: Spielt einmal die 1. Stimme, danach einmal die 2. Stimme. Spielt dann beide Stimmen zusammen. Anschließend könnt ihr euch einen eigenen Spielablauf ausdenken.

Übungsstück 1

1. Stimme

2. Stimme

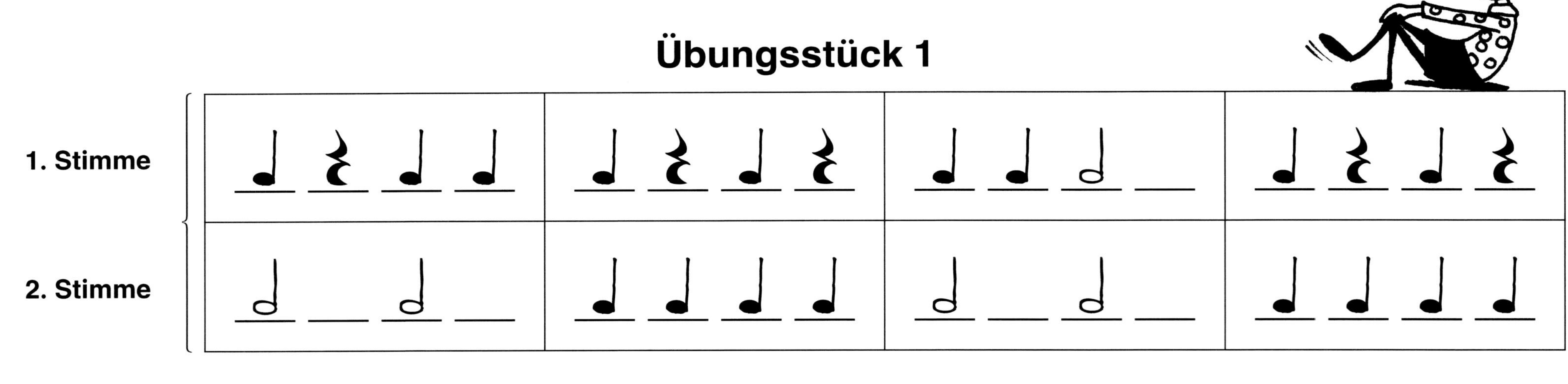

Übungsstück 2

1. Stimme

2. Stimme

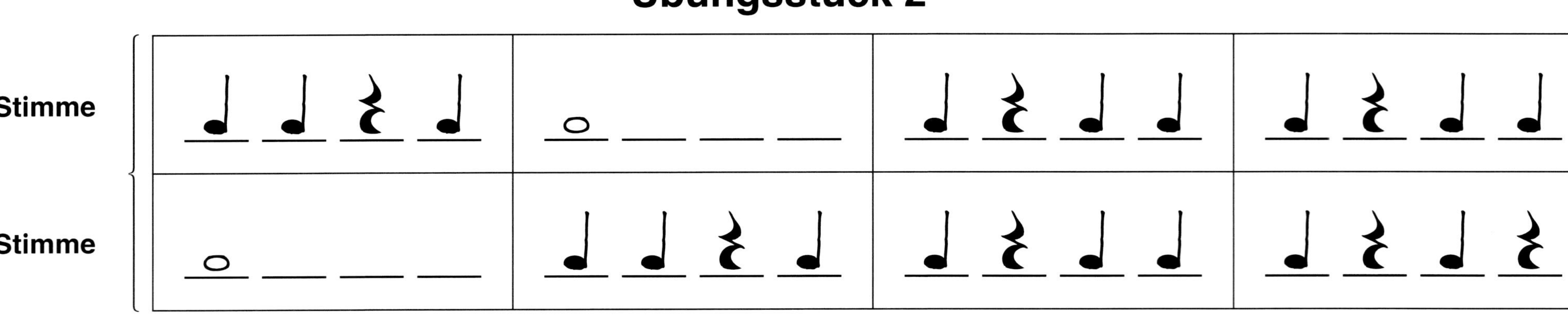

Noten durch Pausenzeichen ersetzen

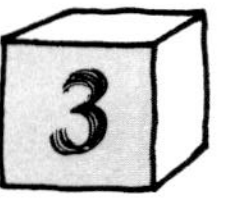

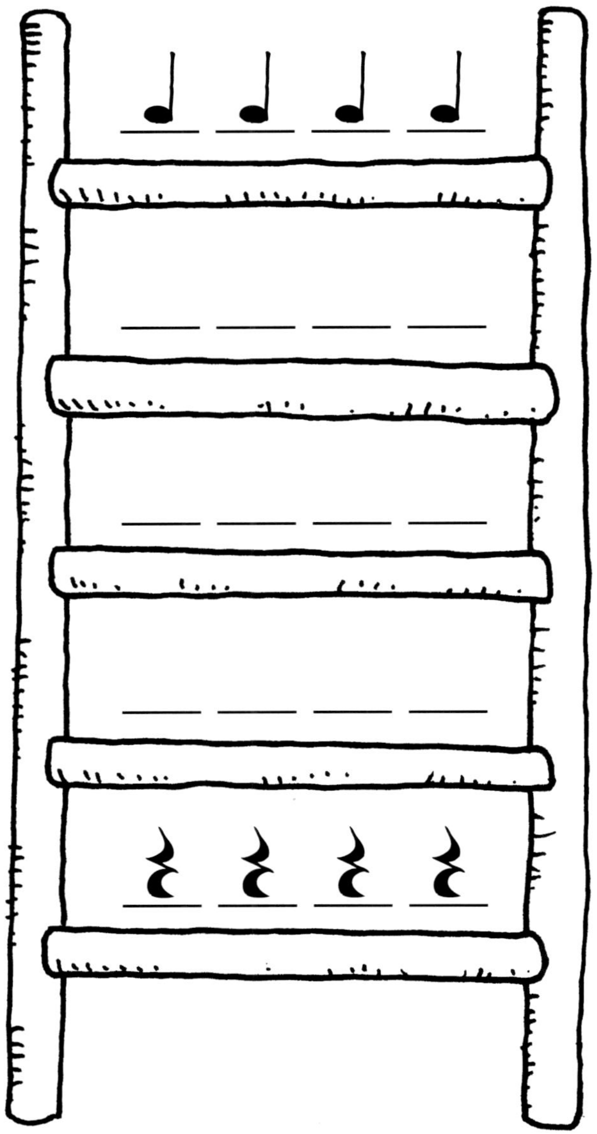

Dieser Papagei frisst **Ta-Noten**: in jeder Zeile eine.
Ersetze die gefressenen Noten durch Pausen.

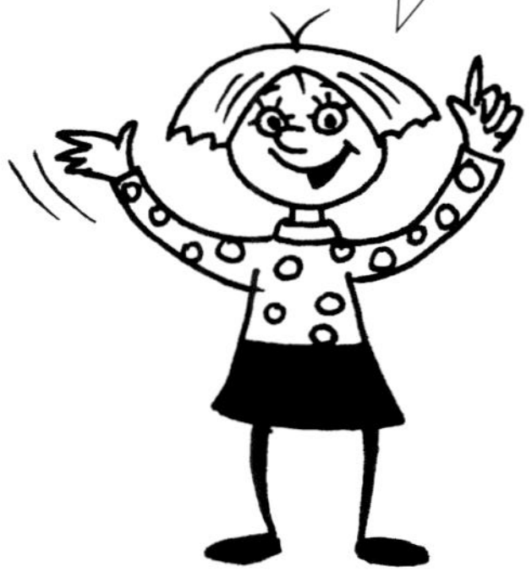

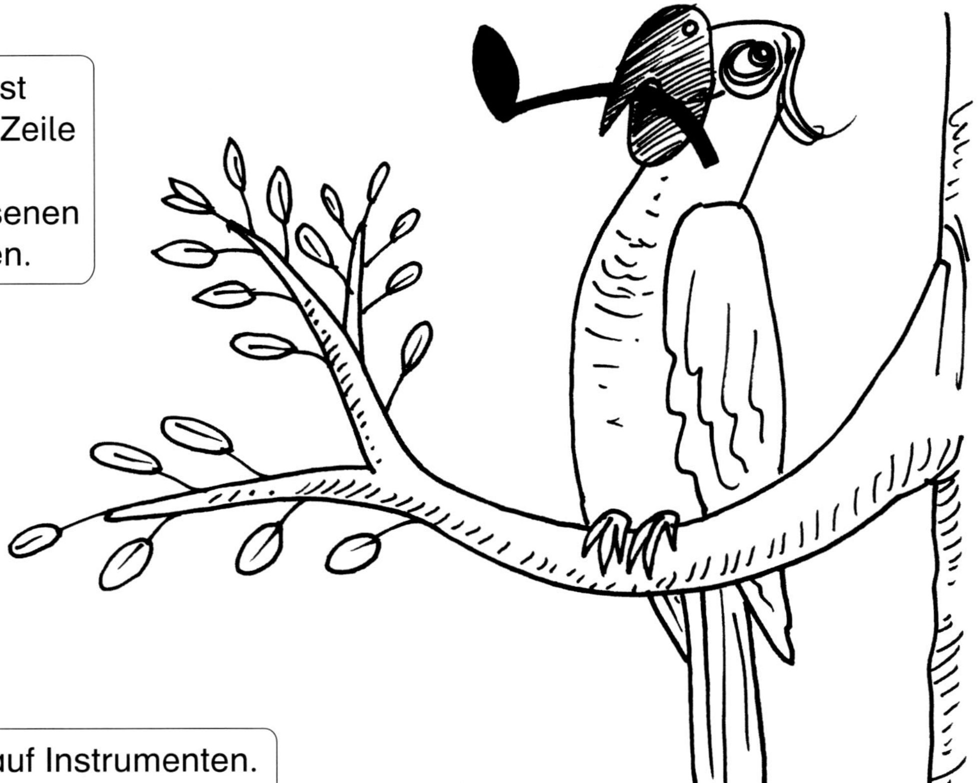

Spiele deine Lösung auf Instrumenten. Du kannst die Takte nacheinander spielen oder auch mit anderen gleichzeitig.

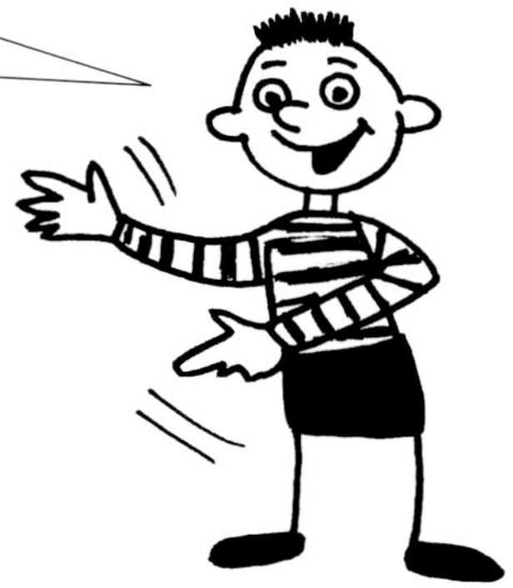

Rhythmus sprechen und klatschen

Hier lernt ihr drei neue **Würfelseiten** kennen! Sprecht und klatscht die Rhythmen.

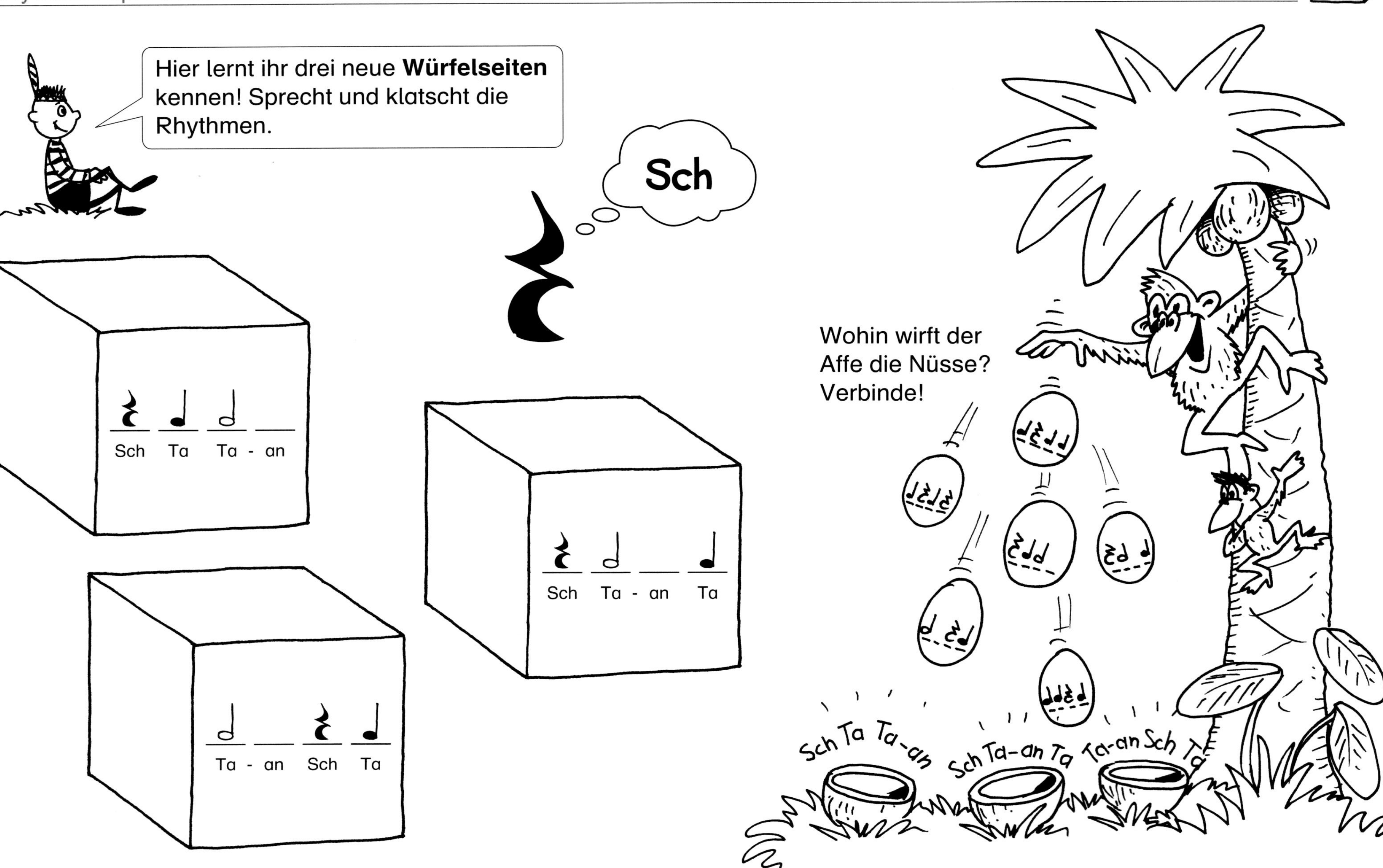

Wohin wirft der Affe die Nüsse? Verbinde!

G. Dausacker/M. Schmitt: Das coole Rhythmus-Training

Stücke erwürfeln und spielen

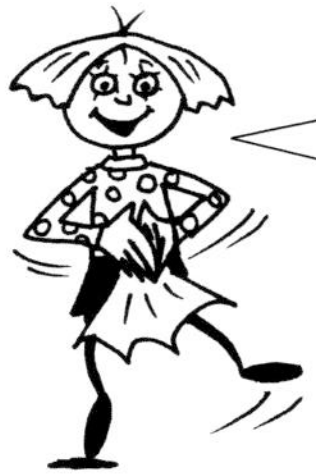

Überlege dir dein eigenes Stück und verwende dafür die **Würfelseiten** unten. Schreibe das Stück auf und spiele es vor.
Tipp: Du kannst die Würfelseiten unterschiedlich oft verwenden.

___ ___ ___ ___	___ ___ ___ ___	___ ___ ___ ___	___ ___ ___ ___
___ ___ ___ ___	___ ___ ___ ___	___ ___ ___ ___	___ ___ ___ ___

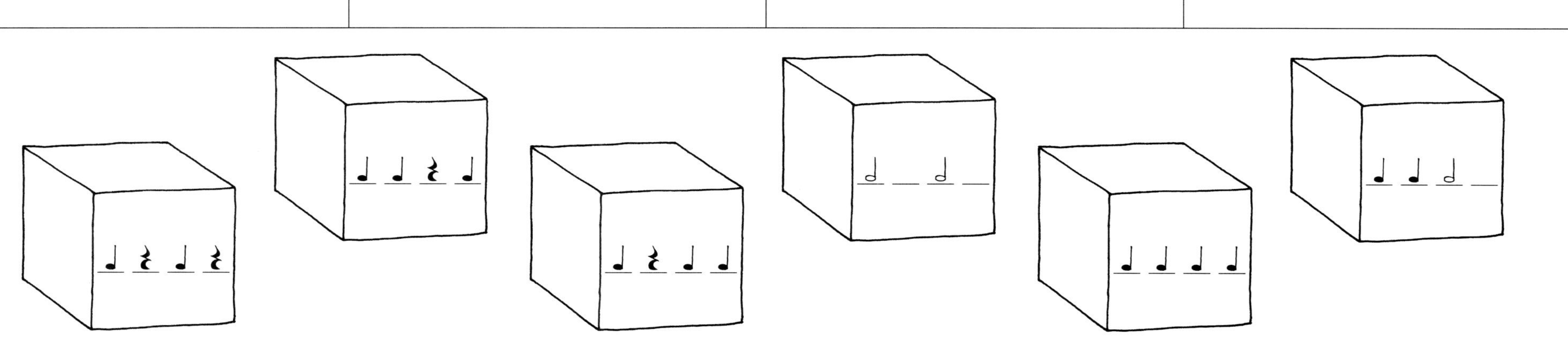

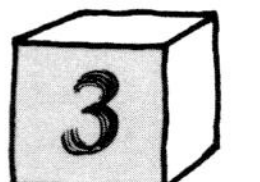

Übungsstücke zum Rhythmus-Würfel 3 (Teil 2)

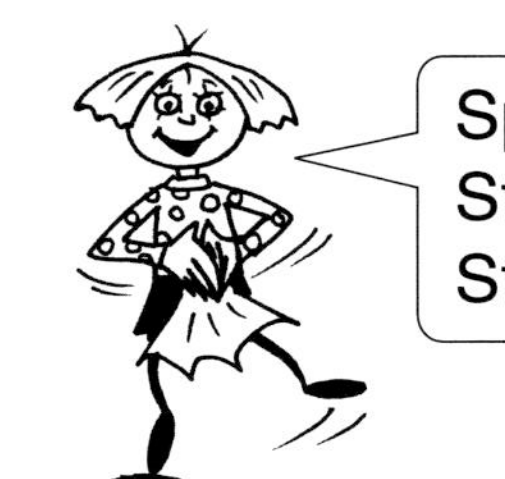

Spielt das Stück in der Gruppe und überlegt euch: Welche Stimme soll wie oft gespielt werden und wann spielt welche Stimme? Überlegt auch, welche Instrumente ihr verwendet.

Übungsstück 3

1. Stimme

2. Stimme

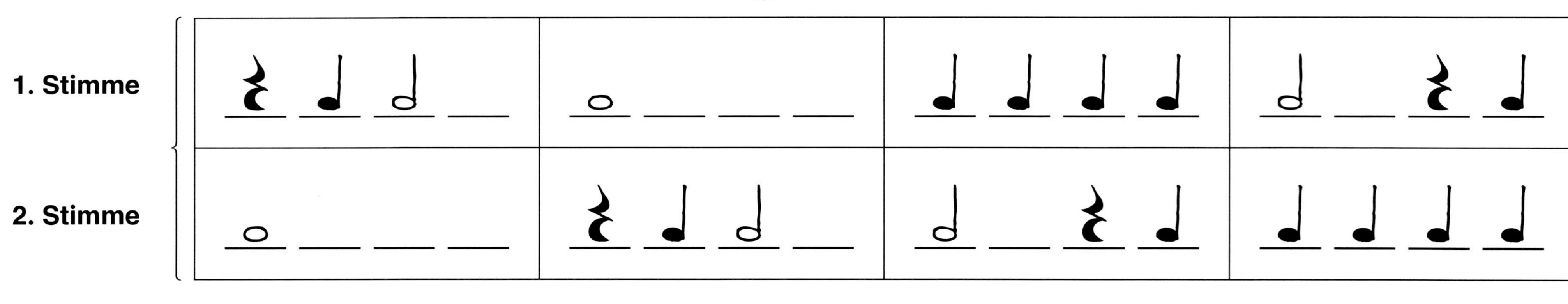

Übungsstück 4

1. Stimme

2. Stimme

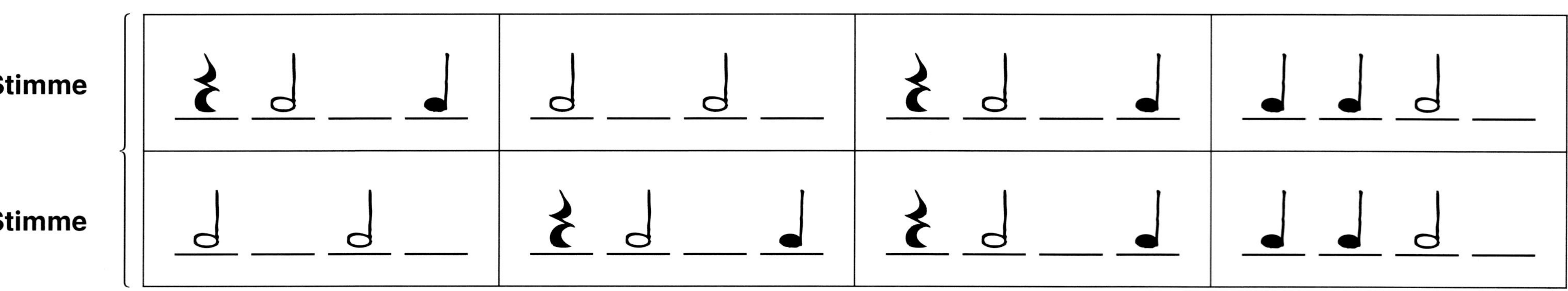

Rhythmus vervollständigen und spielen

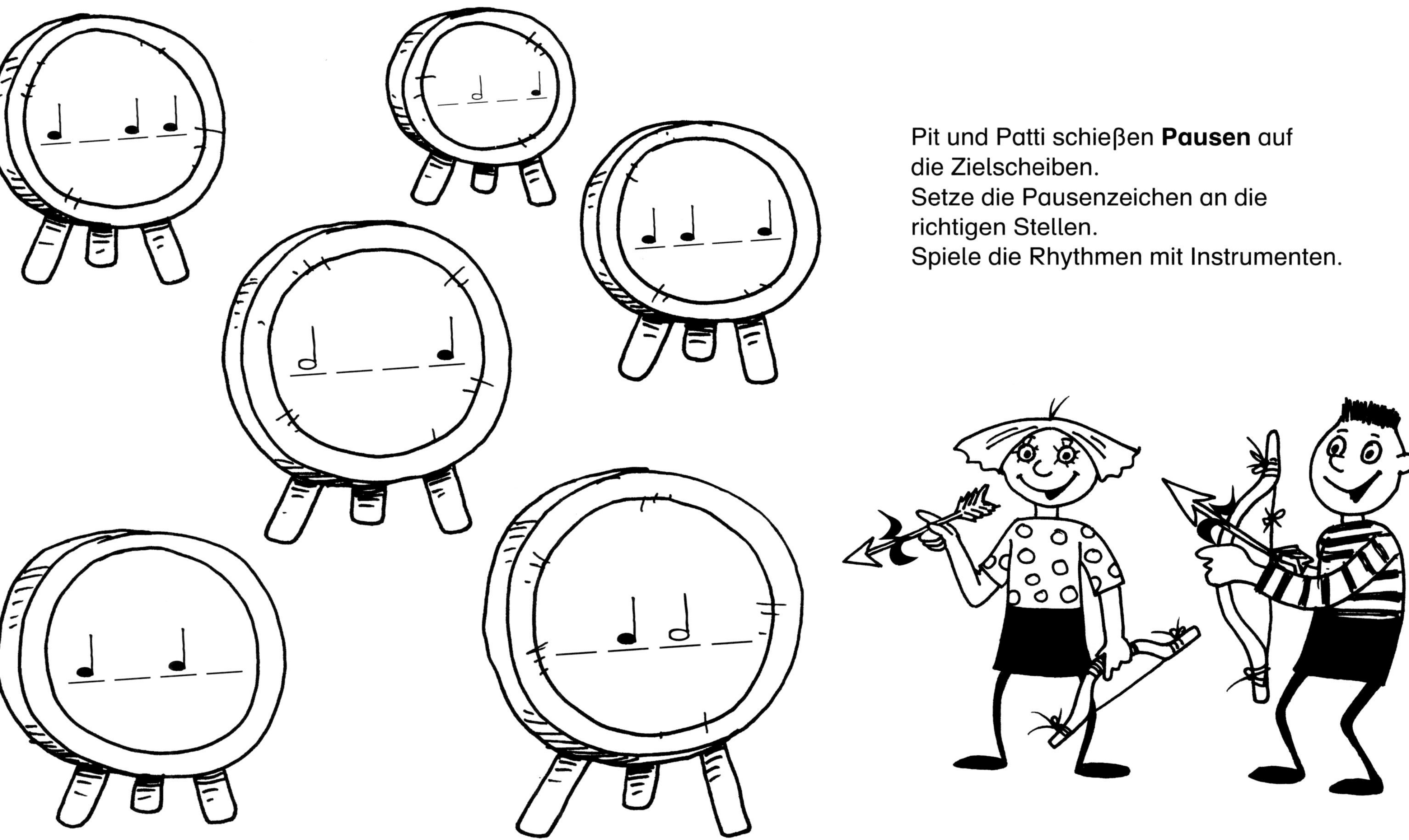

Pit und Patti schießen **Pausen** auf die Zielscheiben.
Setze die Pausenzeichen an die richtigen Stellen.
Spiele die Rhythmen mit Instrumenten.

Eigene Stücke komponieren

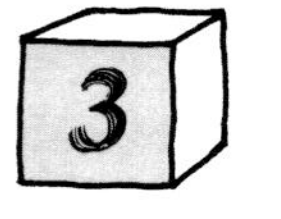

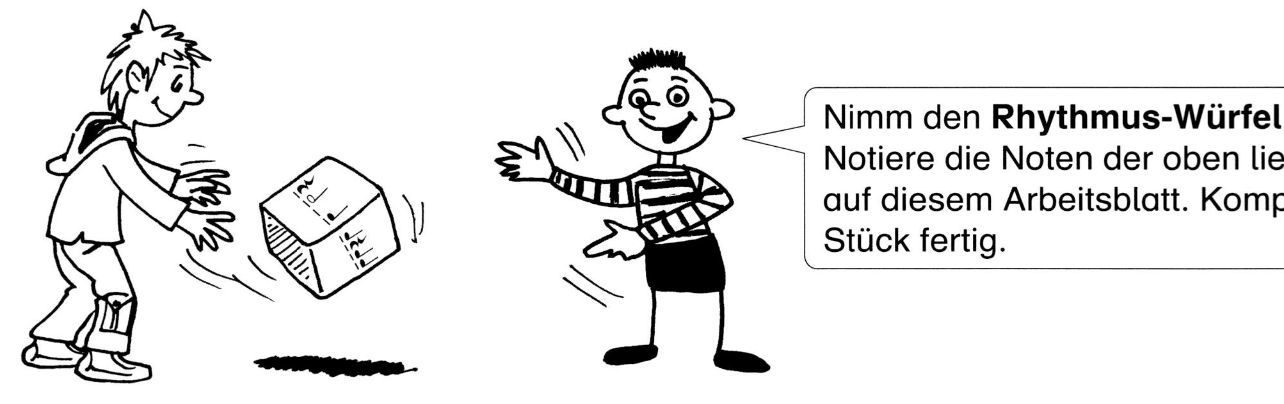

Nimm den **Rhythmus-Würfel 3** und würfele. Notiere die Noten der oben liegenden Würfelseite auf diesem Arbeitsblatt. Komponiere so das Stück fertig.

Dschungel-Musik

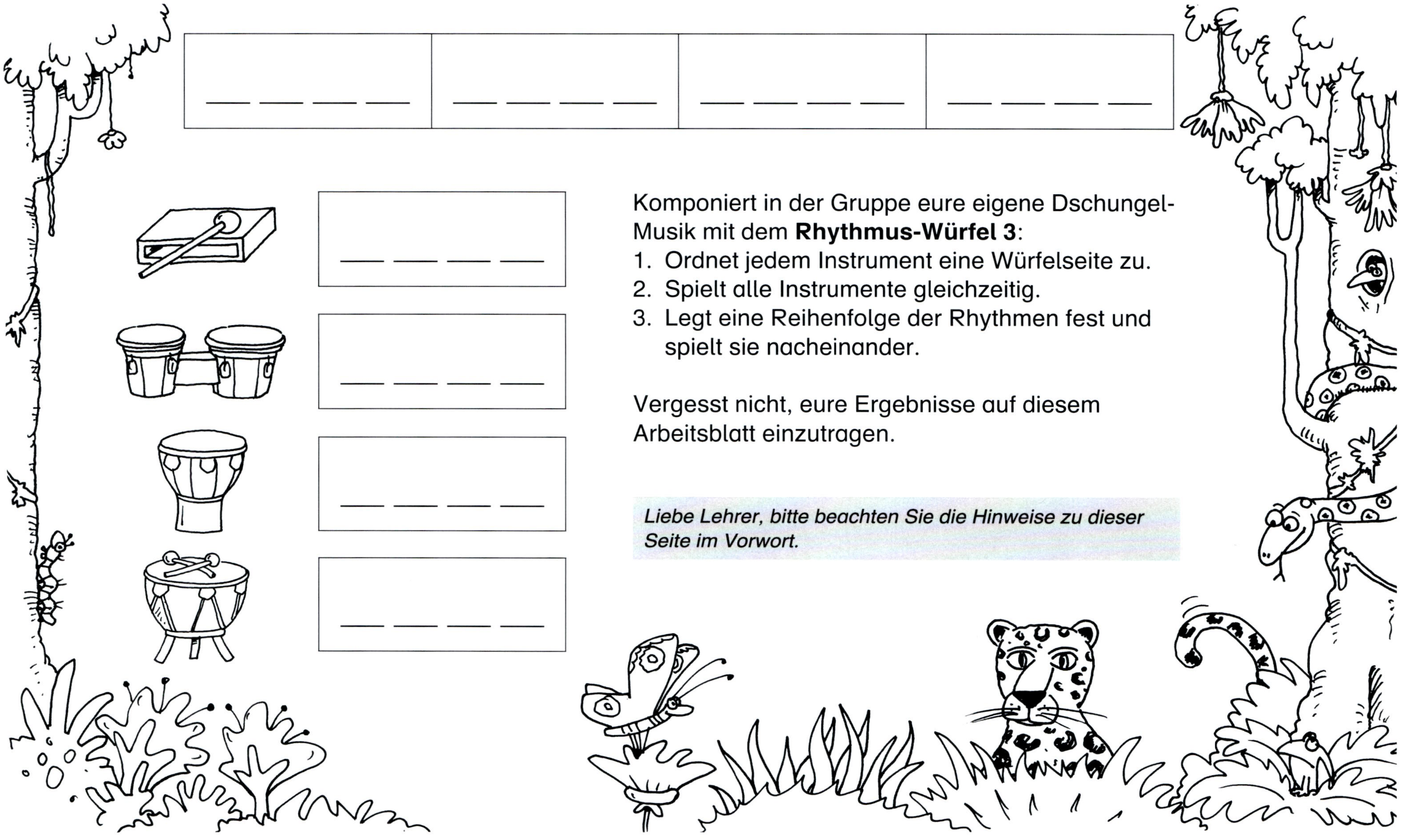

Komponiert in der Gruppe eure eigene Dschungel-Musik mit dem **Rhythmus-Würfel 3**:

1. Ordnet jedem Instrument eine Würfelseite zu.
2. Spielt alle Instrumente gleichzeitig.
3. Legt eine Reihenfolge der Rhythmen fest und spielt sie nacheinander.

Vergesst nicht, eure Ergebnisse auf diesem Arbeitsblatt einzutragen.

Liebe Lehrer, bitte beachten Sie die Hinweise zu dieser Seite im Vorwort.

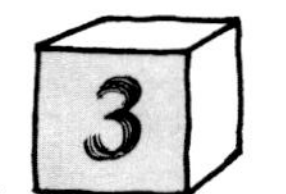

Dschungel-Beat

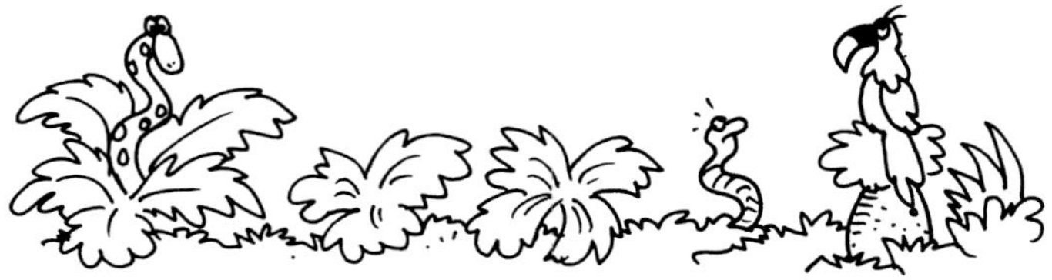

Spielt das Stück zusammen.
Dies ist eine ganze Pause. Sie ist genauso lang wie ○.

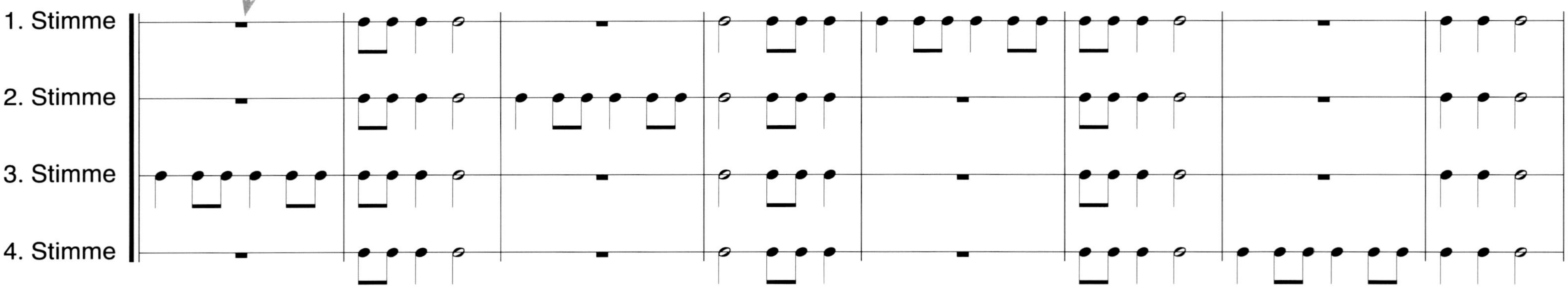

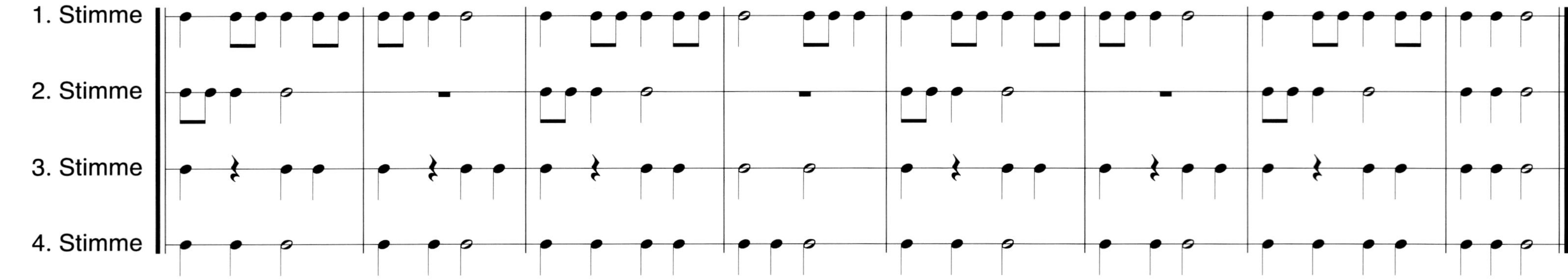

Gleichgewicht

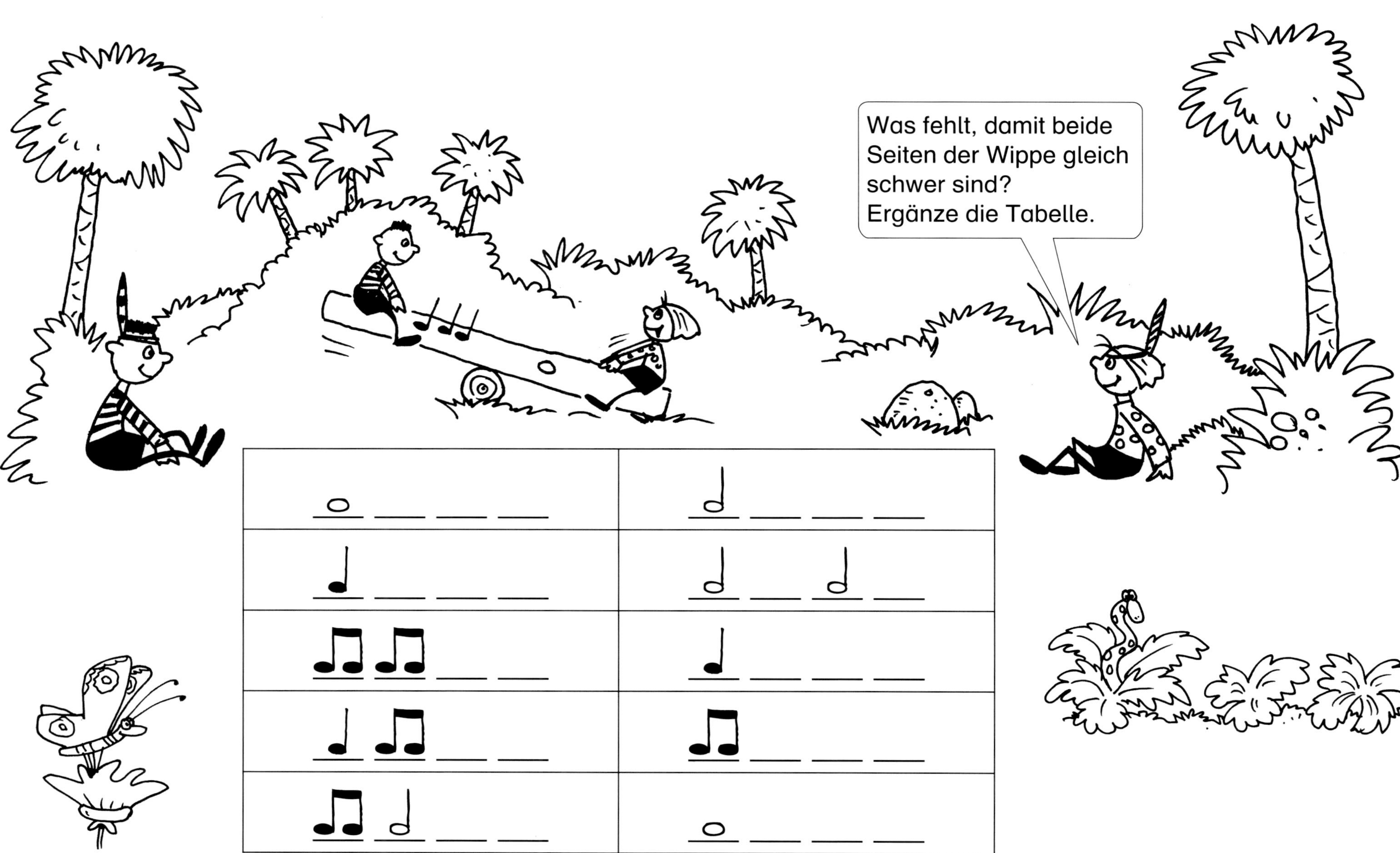

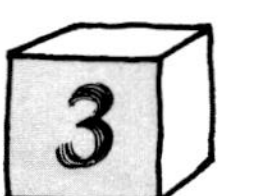

Klatsch-Spiel: Dreivierteltakt

1. Zähle 4-mal bis 3.
   Zähle 4-mal bis 3 und klatsche dazu.
   Zähle 4-mal bis 3 und klatsche nur auf die **1**.
   Zähle 4-mal bis 3 und klatsche nur auf die **2** und **3**.

klatschen

2. Bildet 2 Gruppen: Gruppe 1 stampft auf die **1**.
   Gruppe 2 klatscht auf die **2** und **3**.

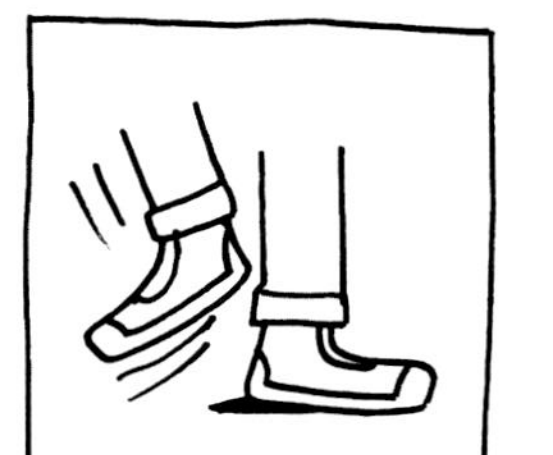

stampfen

3. Alle stampfen auf die **1** und klatschen auf die **2** und **3**.

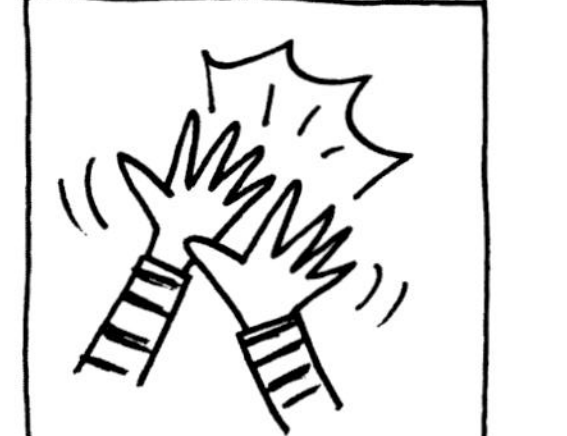

klatschen

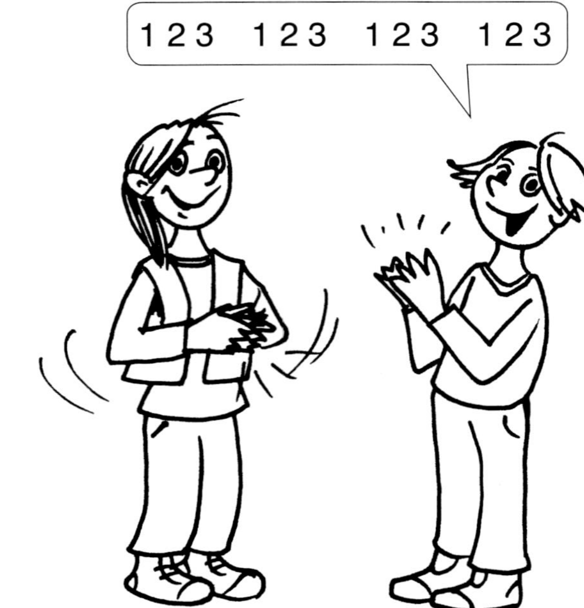

Spiele mit dem Rhythmus-Würfel 4

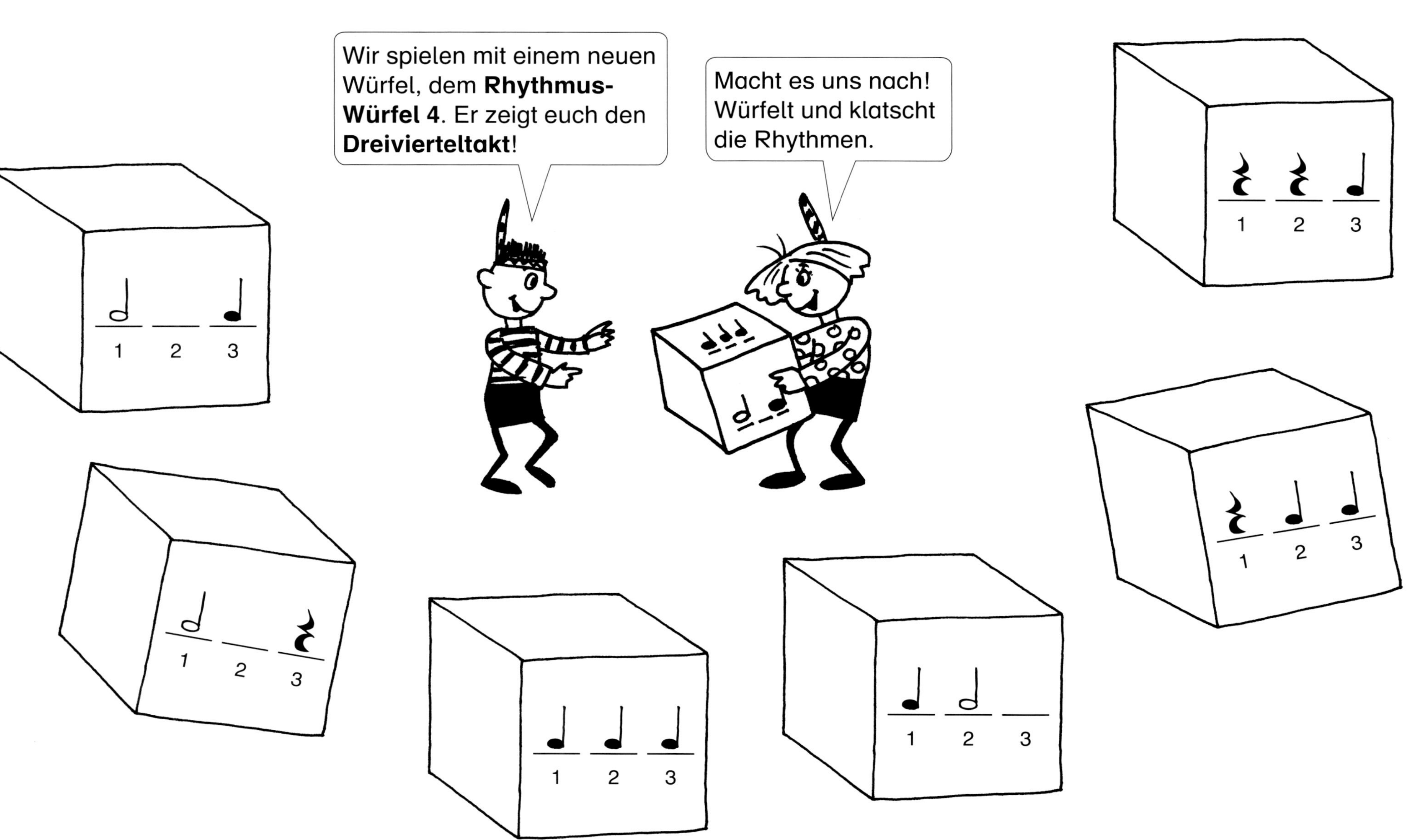

Dschungel-Fest

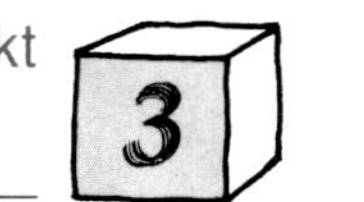

Übertrage die Rhythmen des **Rhythmus-Würfels 4** auf die Trommeln.

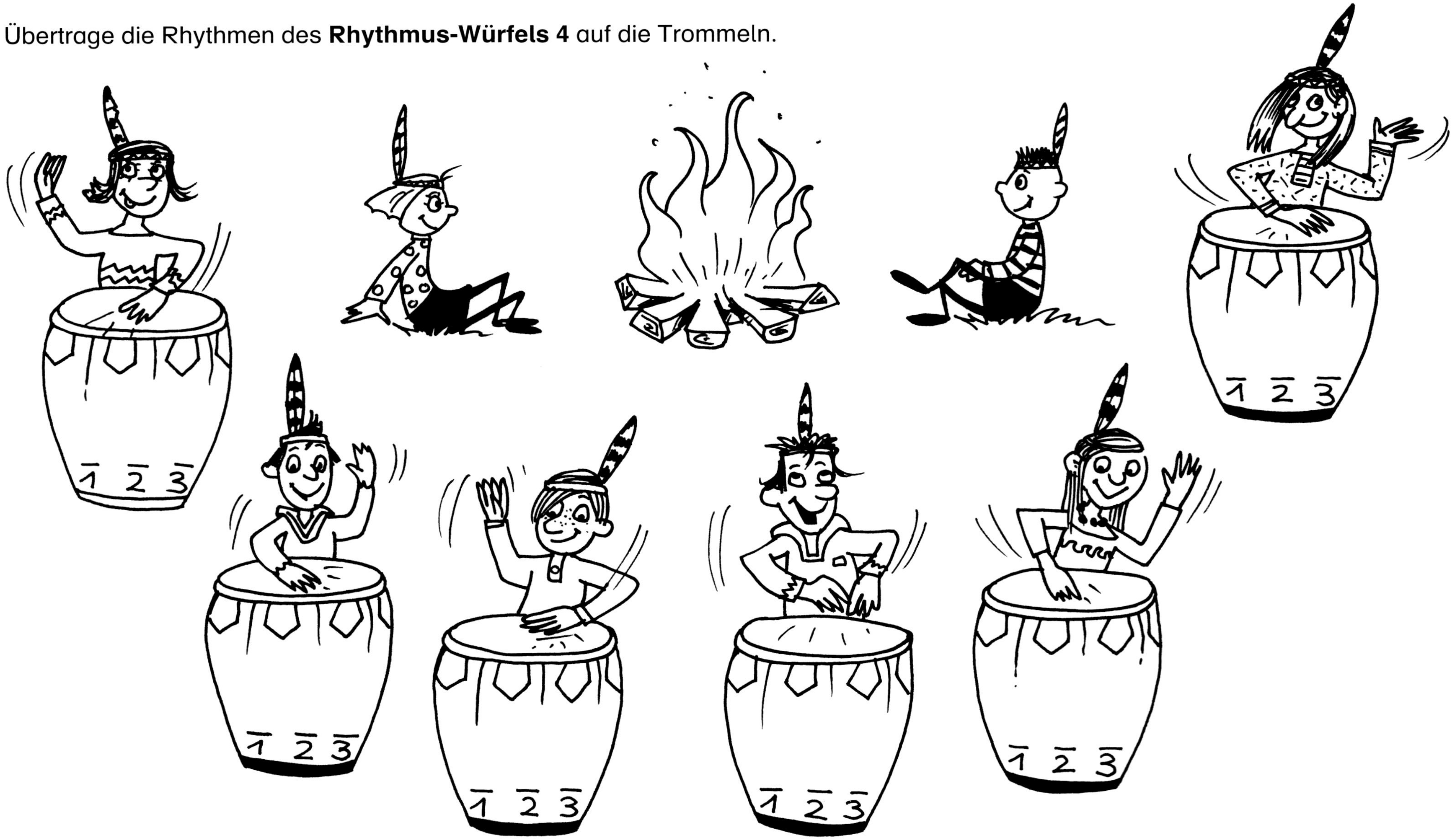

1 2 3

1 2 3

1 2 3

1 2 3

1 2 3

1 2 3

Übungsstücke zum Rhythmus-Würfel 4

Sprich und spiele die Stücke.

Übungsstück 1

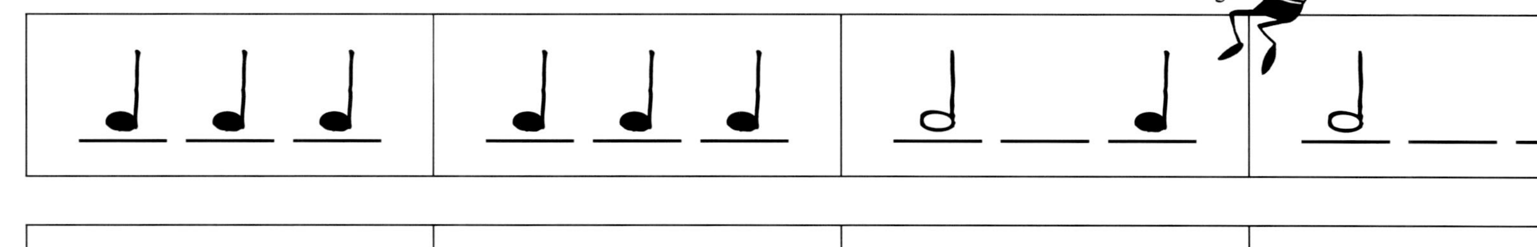

Übungsstück 2

Übungsstück 3

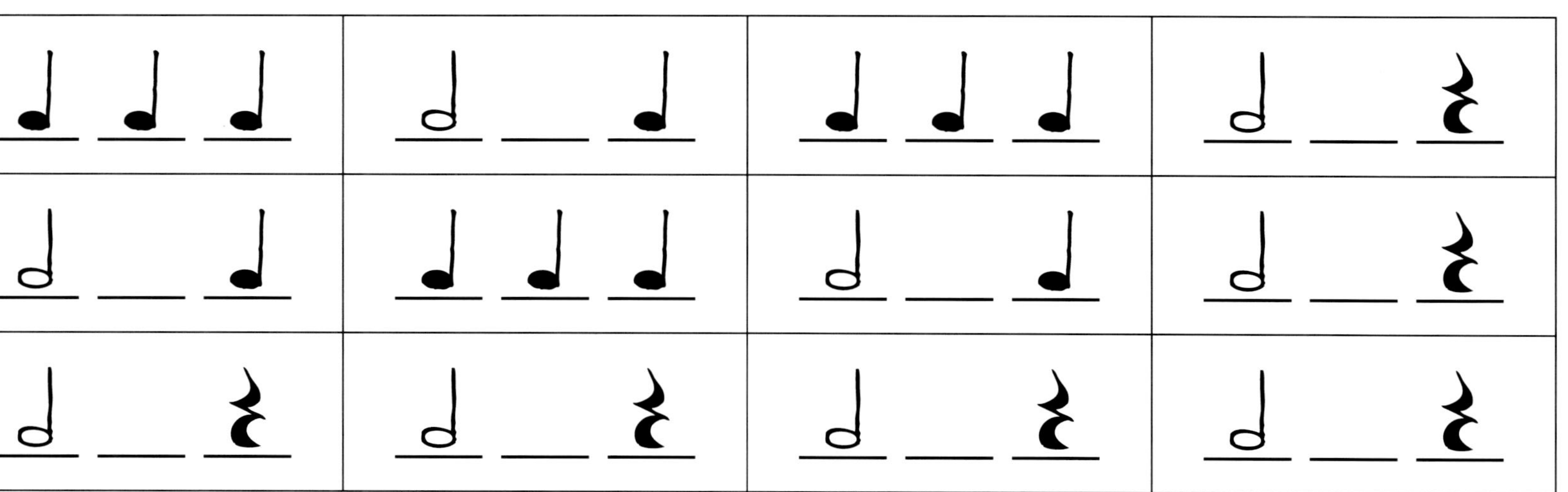

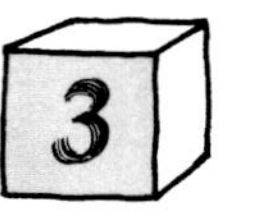

Happy Birthday

Füge Taktstriche (senkrechte Striche) ein und teile damit das Lied in Takte (Würfelseiten) ein.

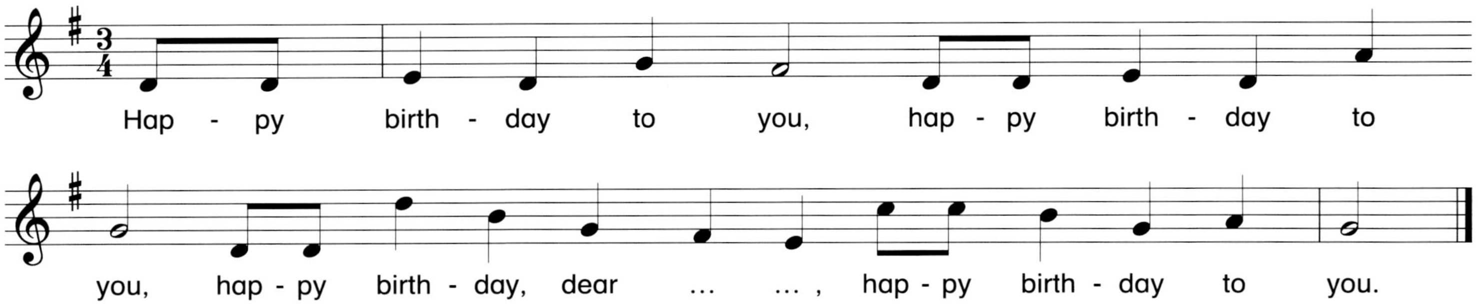

Hap - py birth - day to you, hap - py birth - day to

you, hap - py birth - day, dear … … , hap - py birth - day to you.

Begleite das Lied mit den unten stehenden Rhythmen oder würfele dir eine eigene Begleitung.

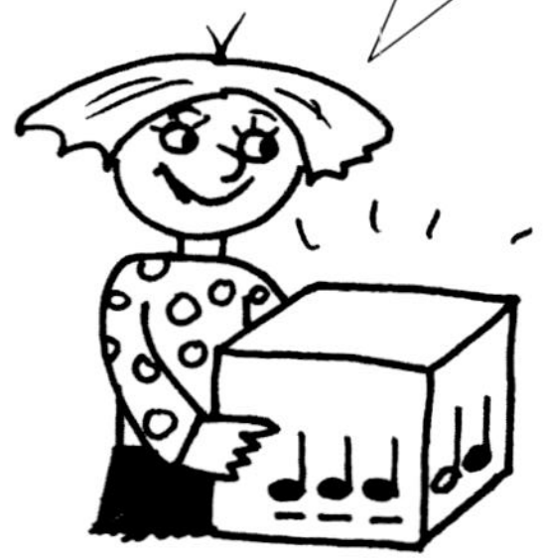

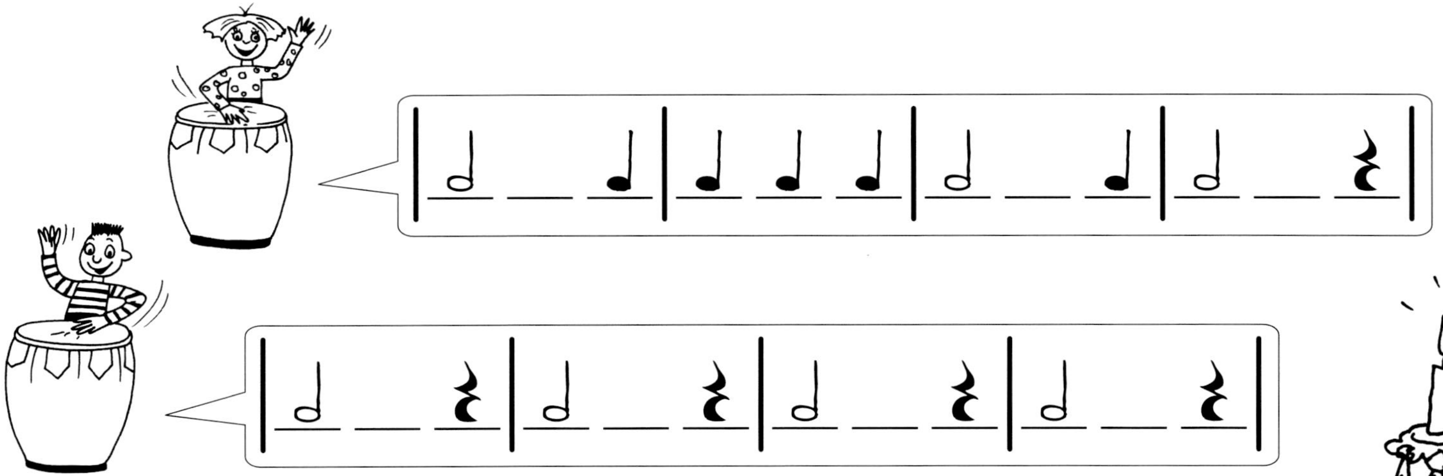

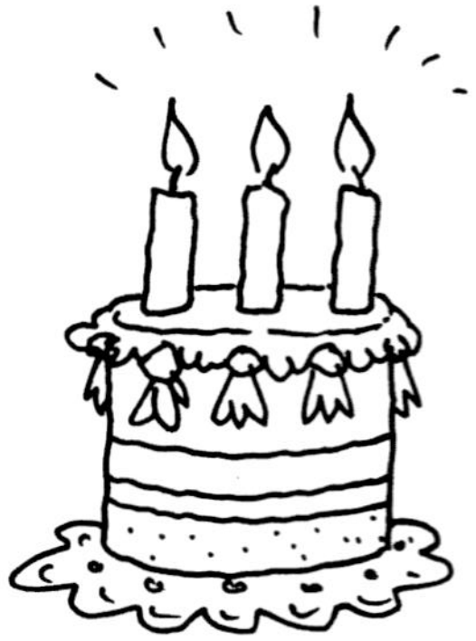

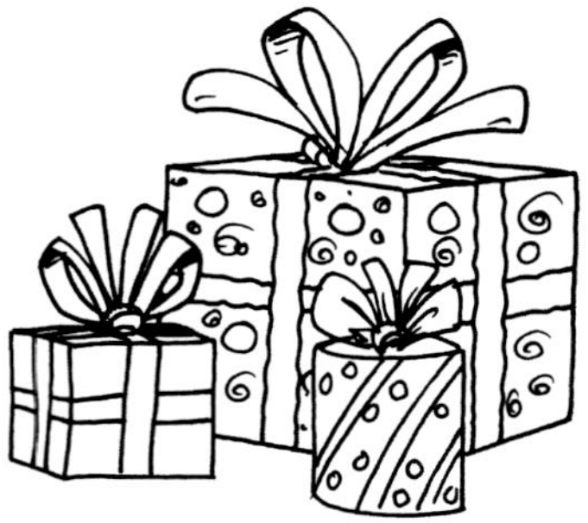

HAPPY BIRTHDAY
Musik: Mildred J. Hill, Text: Patty Smith Hill

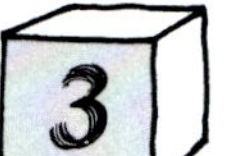

Das kannst du schon: Notenwerte, Pause, Takt

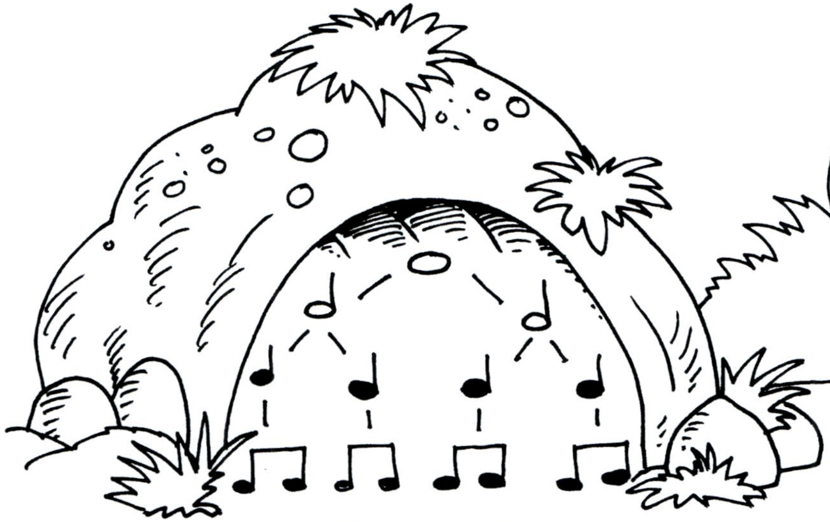

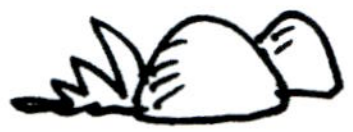

Notenwerte

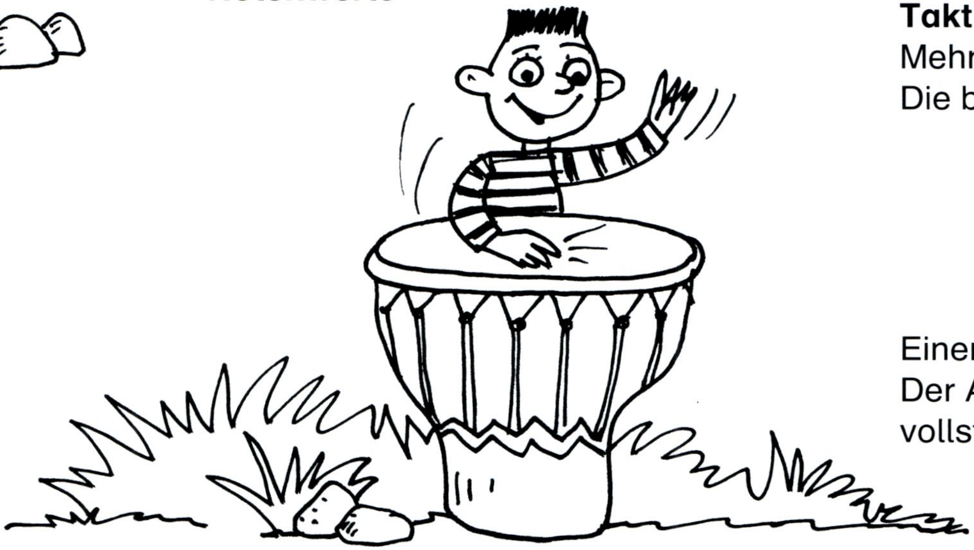

Pause
Die Pause ist ein nicht gespielter Schlag.

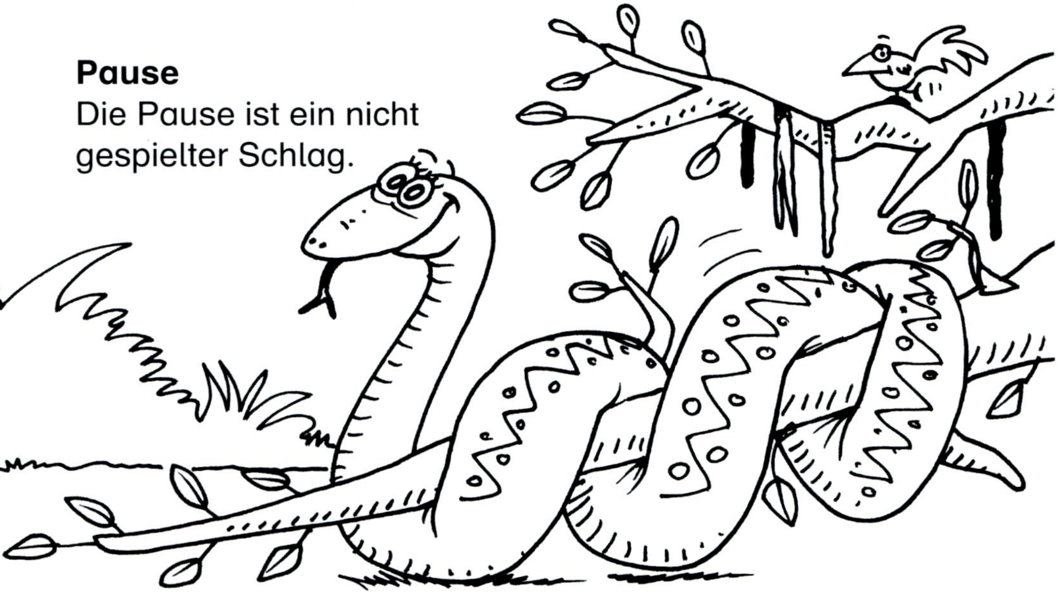

Takt
Mehrere Schläge werden zu einem Takt zusammengefasst. Die bei uns üblichen Takte sind:

Viervierteltakt $\frac{4}{4}$

Dreivierteltakt $\frac{3}{4}$

Zweivierteltakt $\frac{2}{4}$

Einen Takt, der nicht auf der 1 beginnt, nennt man **Auftakt**. Der Auftakt und der letzte Takt ergänzen sich zu einem vollständigen Takt.

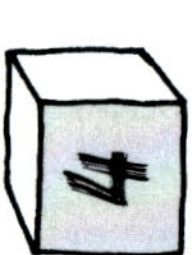
4

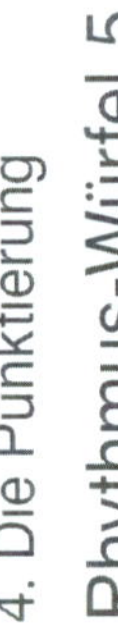
4. Die Punktierung
Rhythmus-Würfel 5

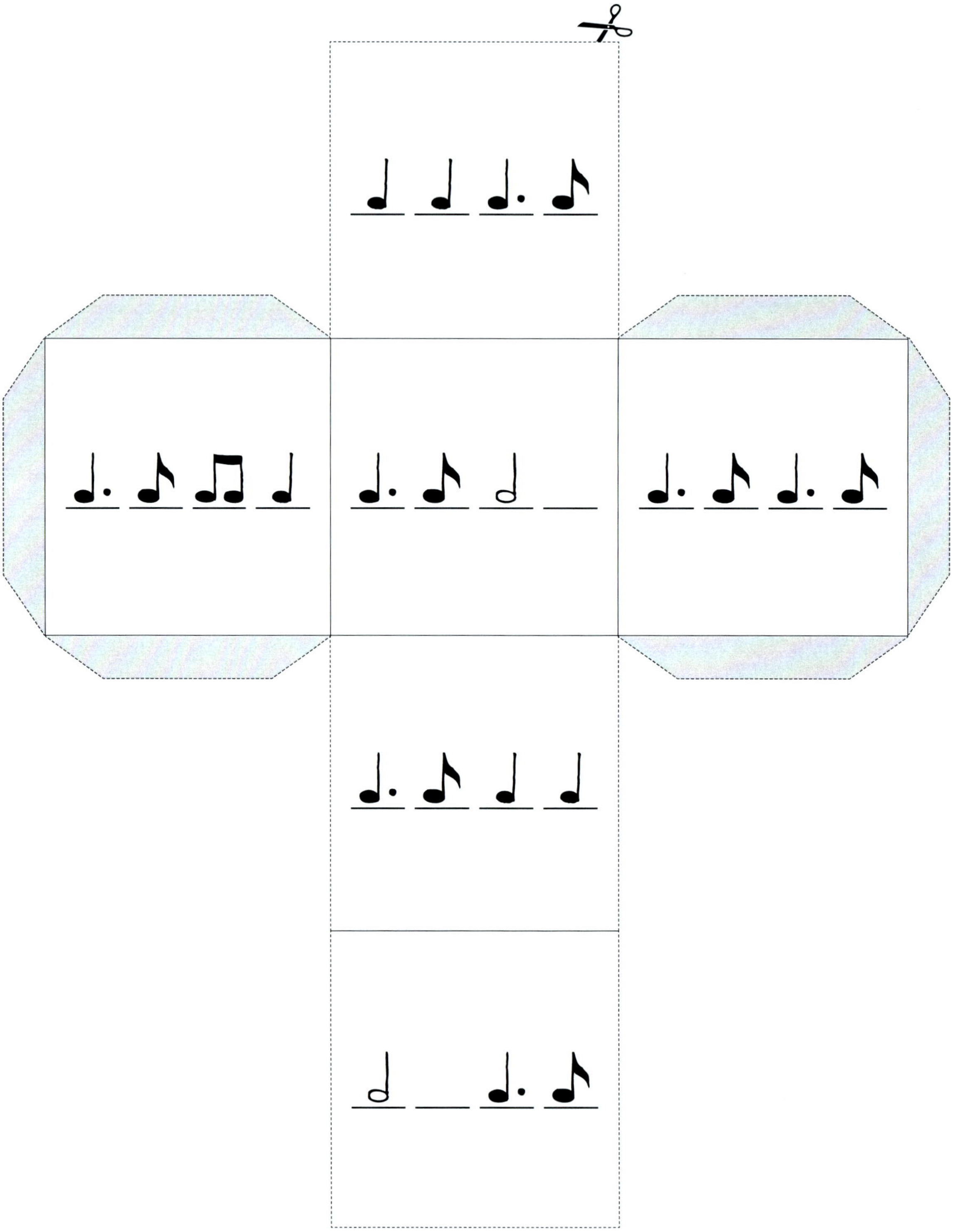

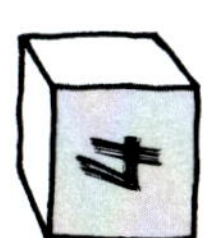
4

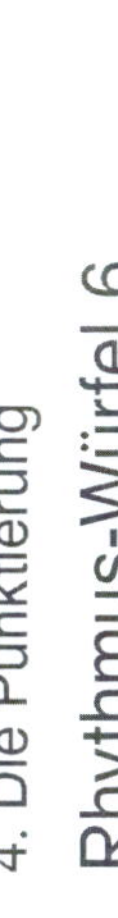
4. Die Punktierung
Rhythmus-Würfel 6

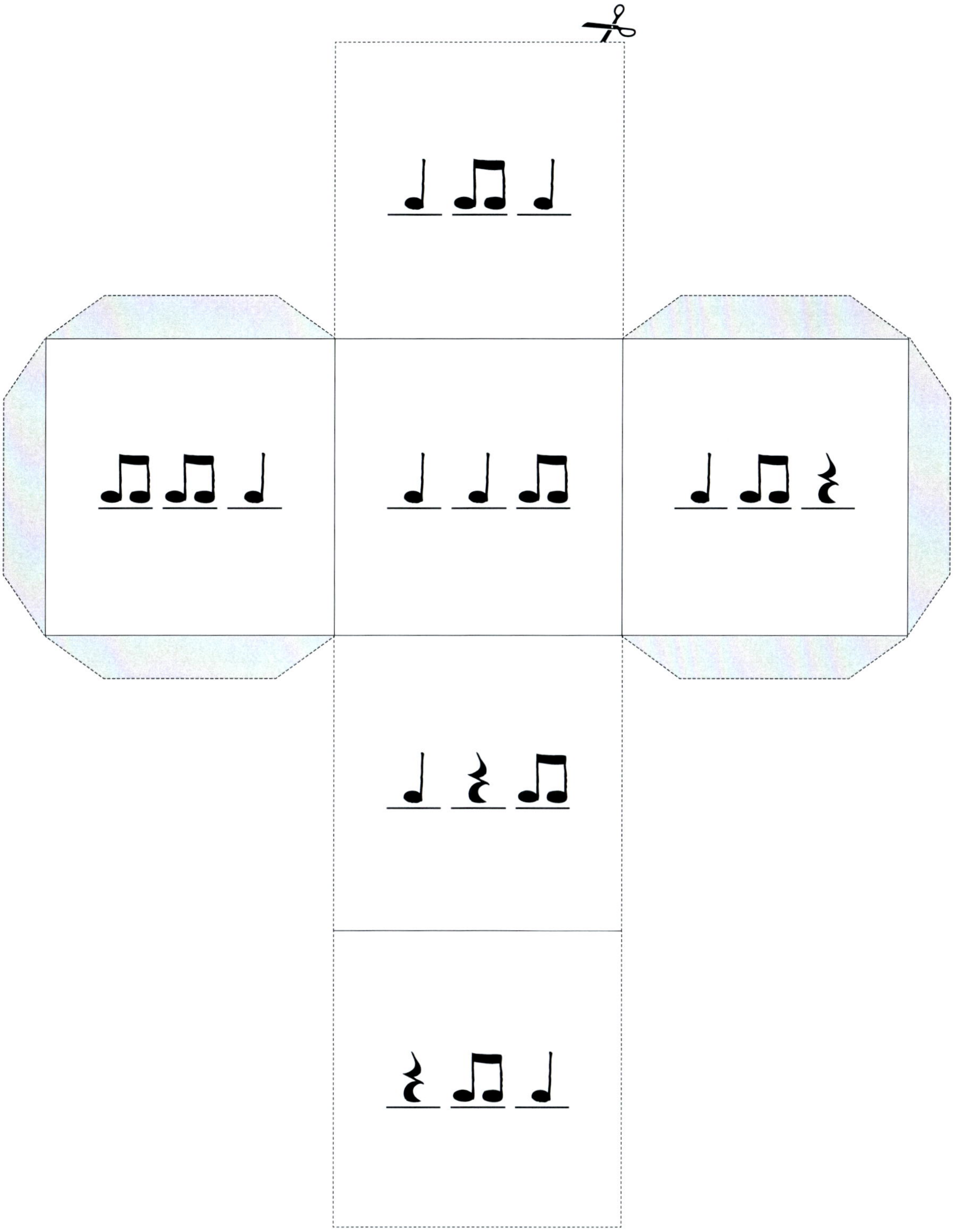

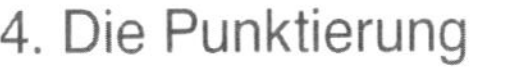
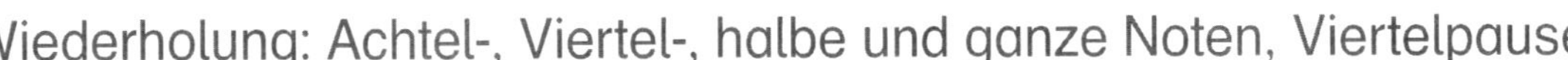

Wiederholung: Achtel-, Viertel-, halbe und ganze Noten, Viertelpause

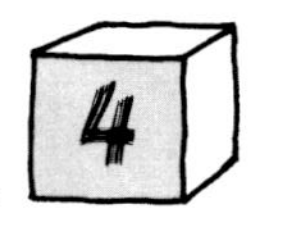
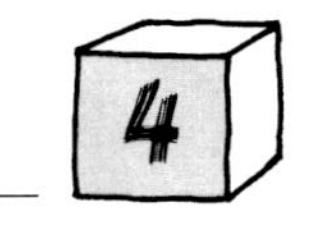

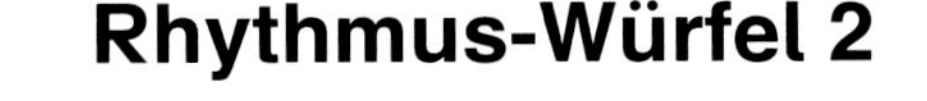
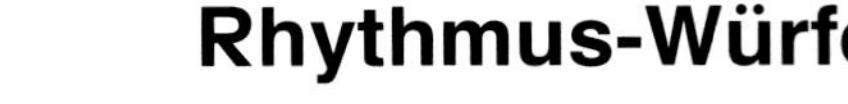
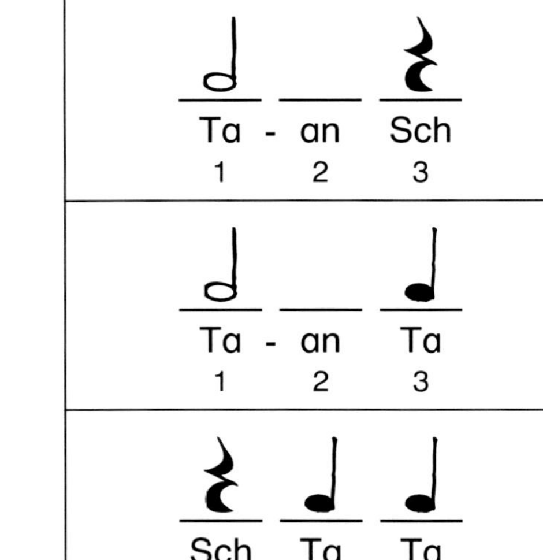
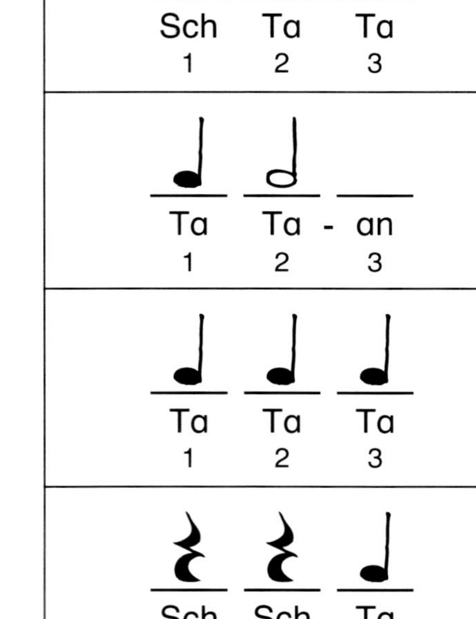
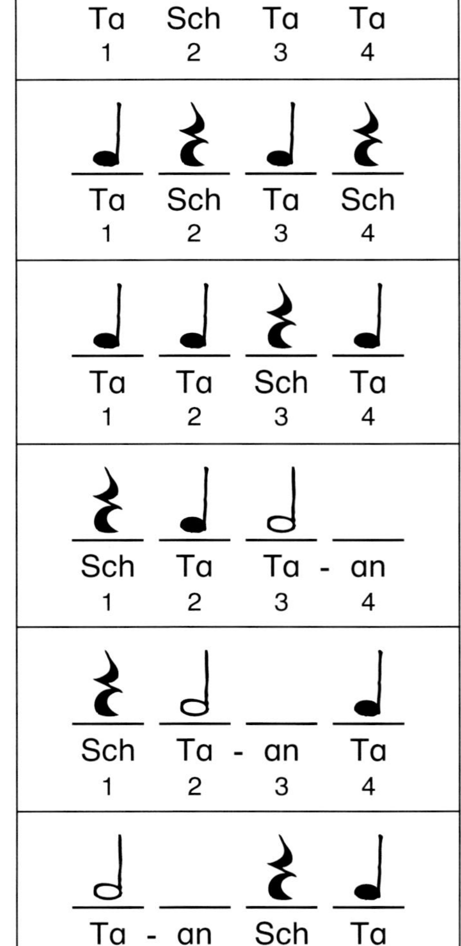

Rhythmus-Würfel 1

Ta 1	Ta 2	Ta 3	Ta 4
Ta - 1	an 2	Ta - 3	an 4
Ta - 1	an 2	Ta 3	Ta 4
Ta 1	Ta 2	Ta - 3	an 4
Ta - 1	a - 2	a - 3	an 4
Ta 1	Ta - 2	an 3	Ta 4

Rhythmus-Würfel 2

Ta 1	Ti - ti 2 und	Ta 3	Ti - ti 4 und
Ta 1	Ta 2	Ti - ti 3 und	Ta 4
Ti - ti 1 und	Ti - ti 2 und	Ta 3	Ta 4
Ta - 1	an 2	Ti - ti 3 und	Ti - ti 4 und
Ta - 1	an 2	Ti - ti 3 und	Ta 4
Ti - ti 1 und	Ta 2	Ta - 3	an 4

Rhythmus-Würfel 3

Ta 1	Sch 2	Ta 3	Ta 4
Ta 1	Sch 2	Ta 3	Sch 4
Ta 1	Ta 2	Sch 3	Ta 4
Sch 1	Ta 2	Ta - 3	an 4
Sch 1	Ta - 2	an 3	Ta 4
Ta - 1	an 2	Sch 3	Ta 4

Rhythmus-Würfel 4

Ta - 1	an 2	Sch 3
Ta - 1	an 2	Ta 3
Sch 1	Ta 2	Ta 3
Ta 1	Ta - 2	an 3
Ta 1	Ta 2	Ta 3
Sch 1	Sch 2	Ta 3

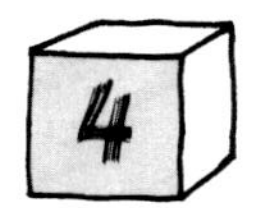
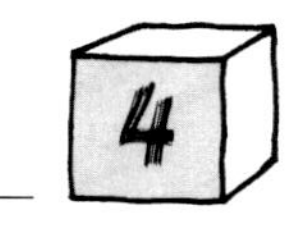

Tisch-Samba

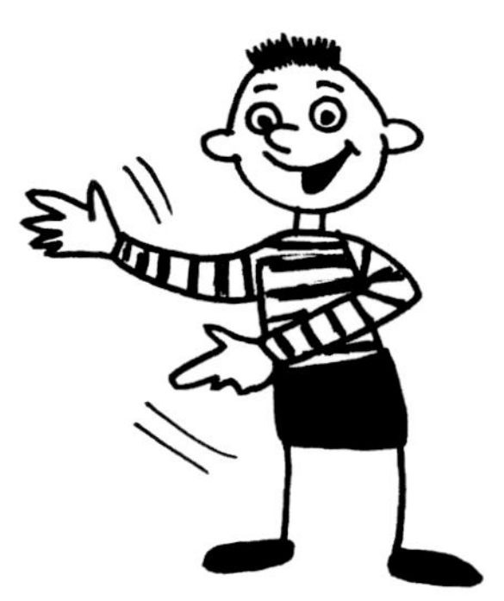
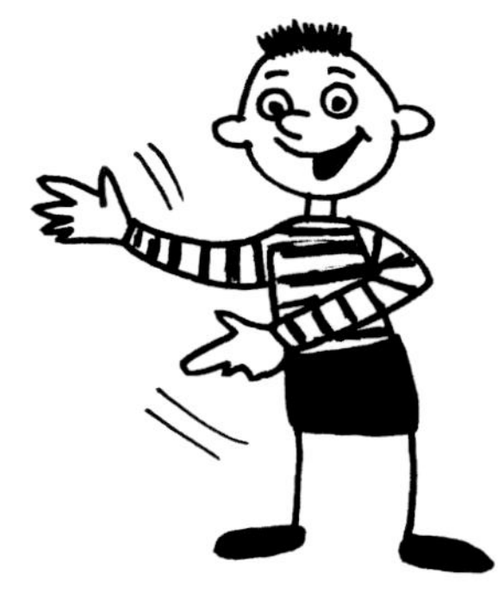
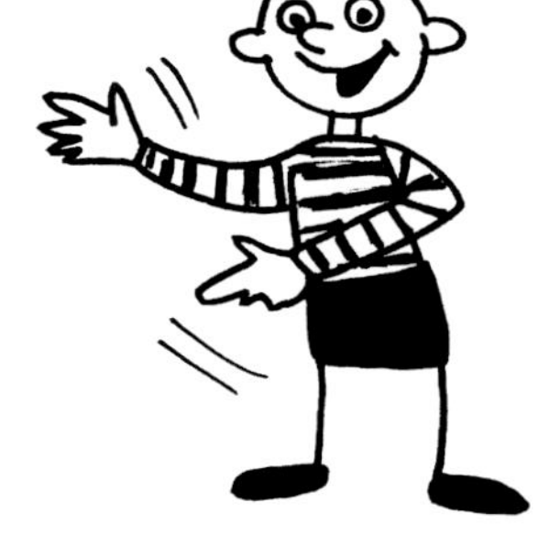
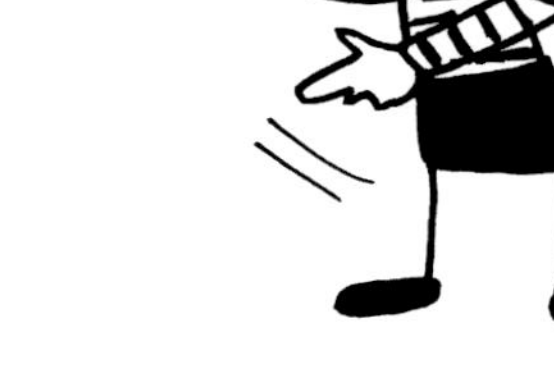

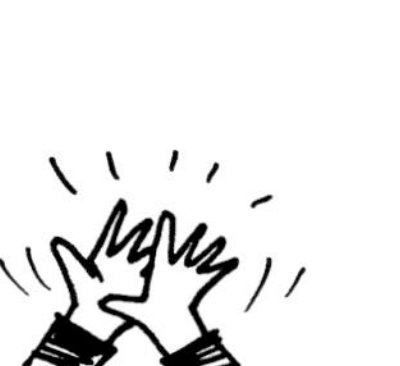
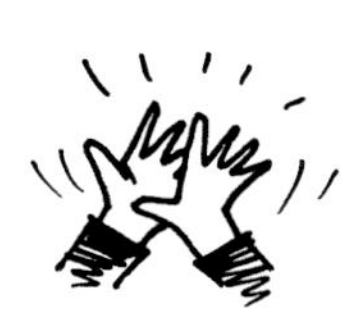

♩	♪	♪	♩	♩
Wir	spie -	len	Sam -	ba!
beide Hände auf den Tisch schlagen	klatschen	linke Hand auf den Tisch schlagen	linken Ellenbogen auf den Tisch schlagen	klatschen

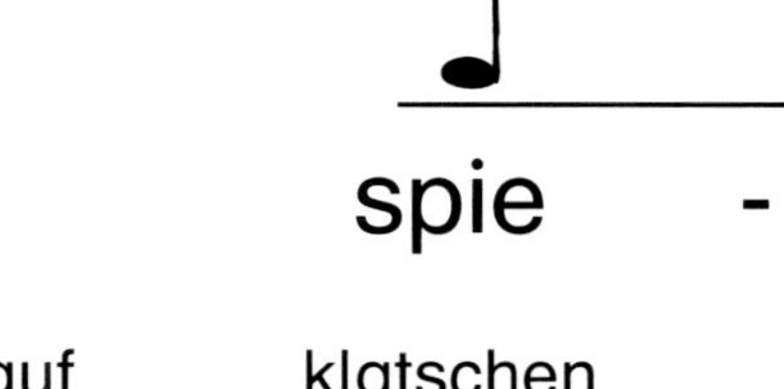
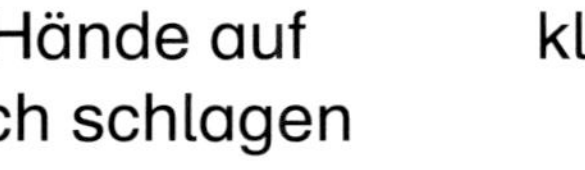
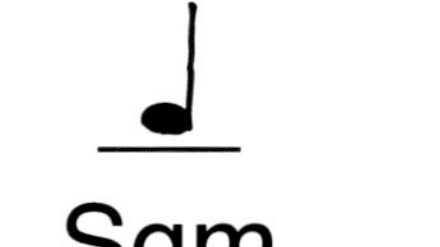
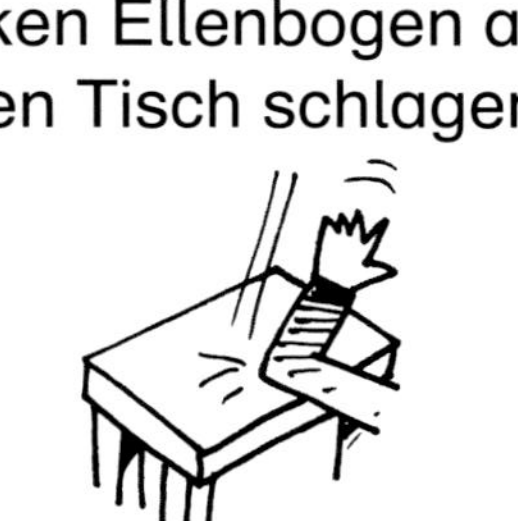
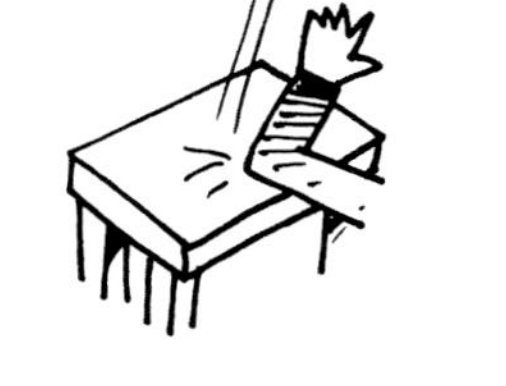

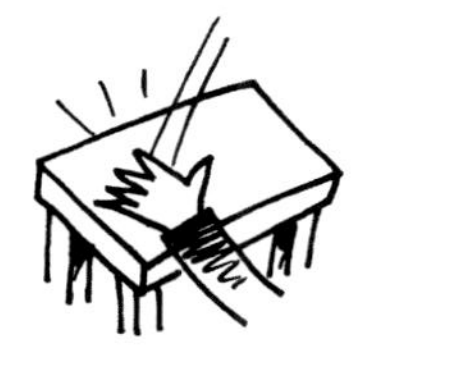
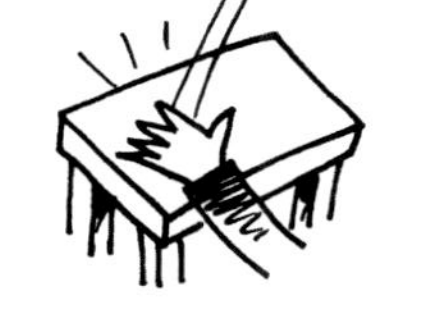
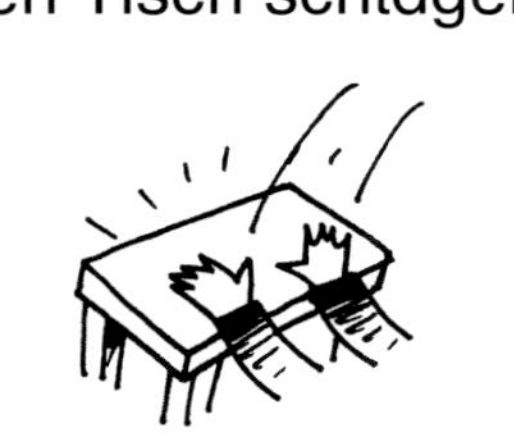

♩	♩	♪	♪	♩
Al -	le	ma -	chen	mit!
mit rechtem Fuß patschen	klatschen	mit rechtem Fuß patschen	mit linkem Fuß patschen	klatschen

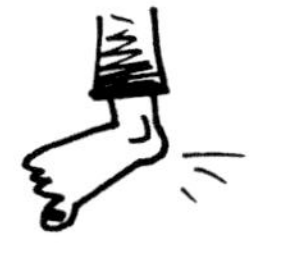
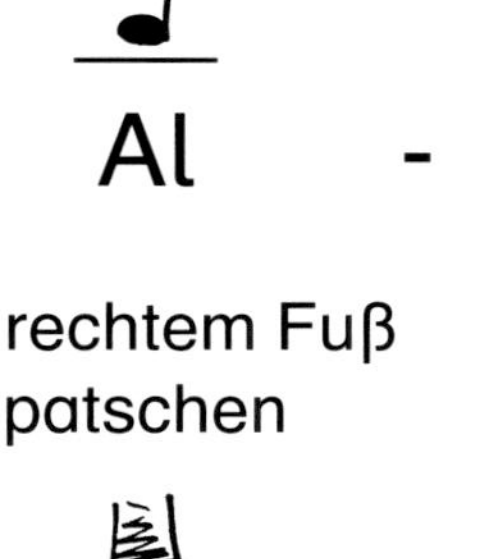

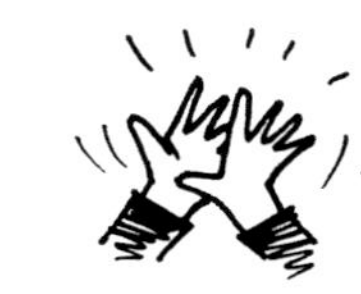
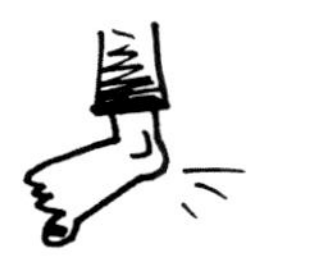
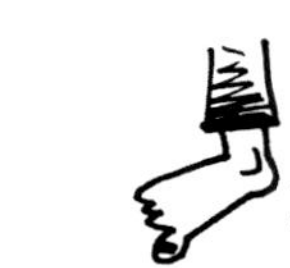
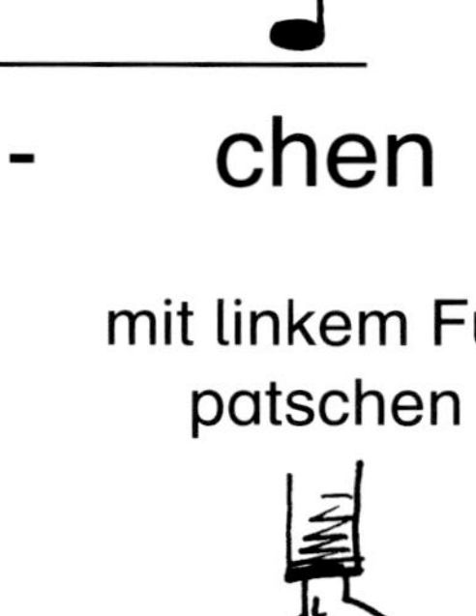
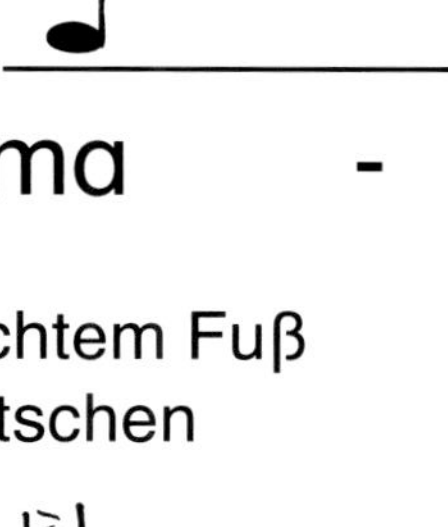
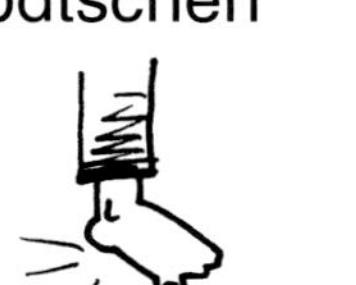
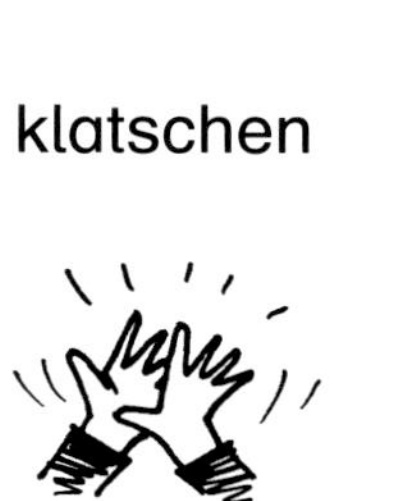

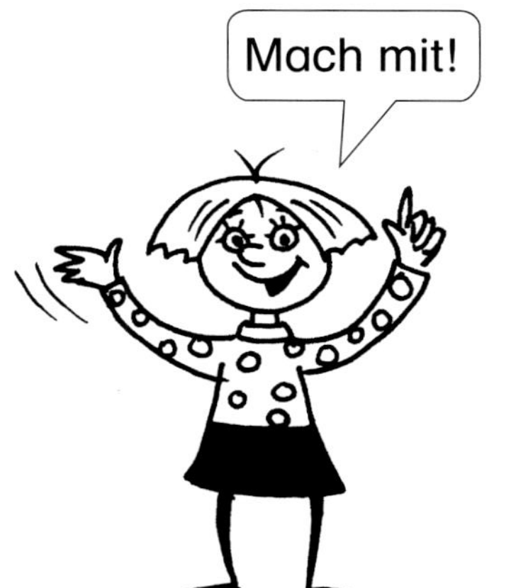

Begleitstimmen erfinden und mit Körperinstrumenten spielen

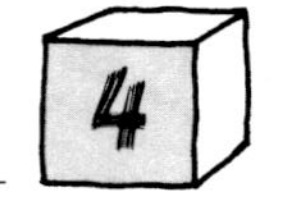

Finde weitere Begleitstimmen zum Tisch-Samba.
Verwende dazu die **Rhythmus-Würfel 1, 2 und 3**.
Spiele die Rhythmen auf Körperinstrumenten.

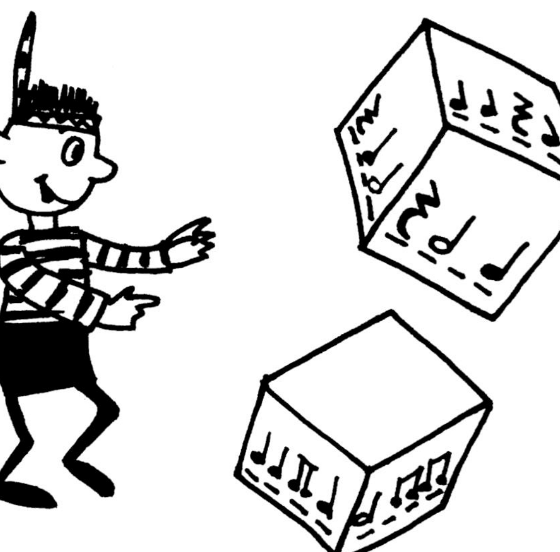

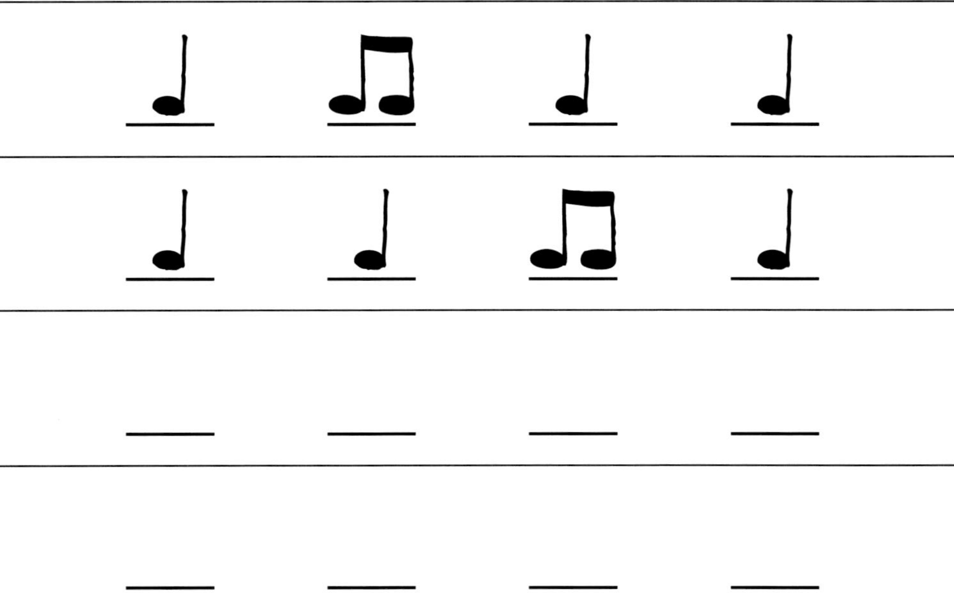

Würfel 2 oder 3

Würfel 1

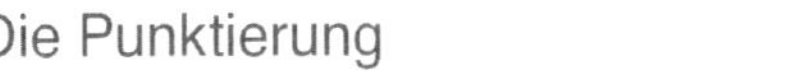

Der Verlängerungspunkt

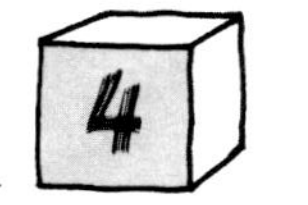

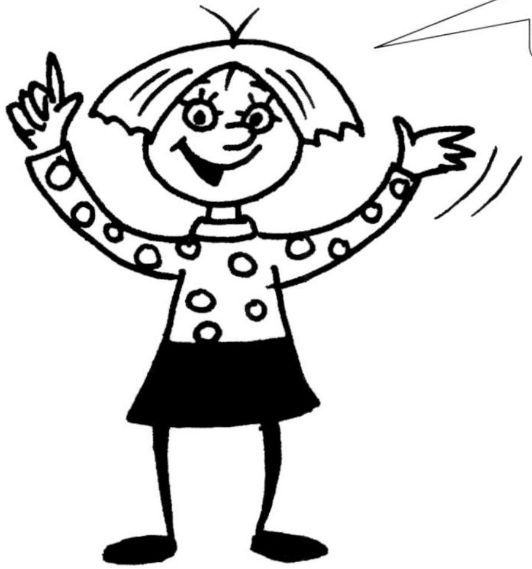

Warum hast du eigentlich einen Punkt?

Ich bin die **Ta-i-ti**-Note. Mein Punkt verlängert mich um die Hälfte meines Wertes.

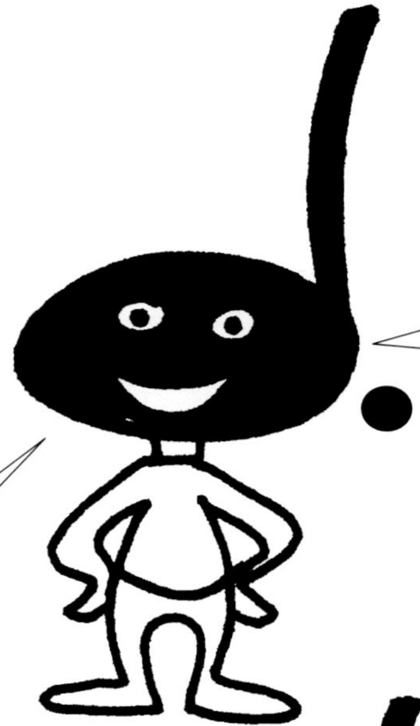

Übrigens: Wenn **Achtelnoten** alleine stehen, haben sie ein Fähnchen, so wie hier ♪. Stehen sie gemeinsam, werden sie mit einem Balken verbunden.

Jetzt bin ich genauso lang wie drei Achtel-Noten: ♪♪♪

Notiere die Notenwerte.

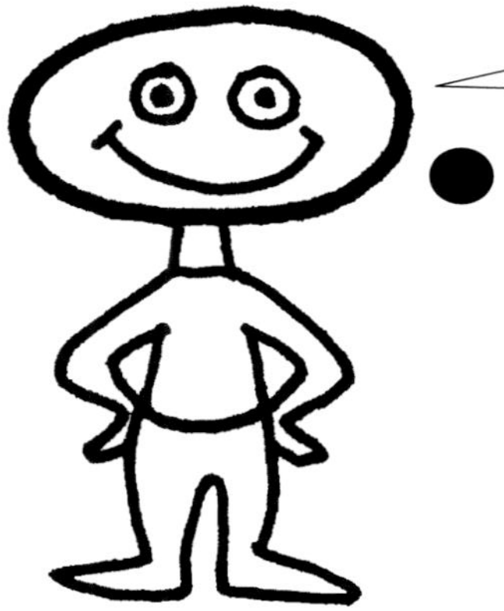

Mein Punkt verlängert mich um die Hälfte meines Wertes. Jetzt bin ich genauso lang wie

𝅝. = ___ ___ ___

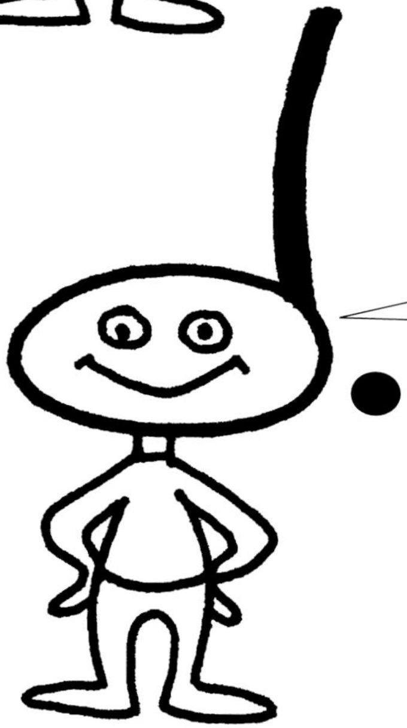

Mein Punkt verlängert mich um die Hälfte meines Wertes. Jetzt bin ich genauso lang wie

𝅗𝅥. = ___ ___ ___

Ta - i - ti (die Dreiachtelnote)

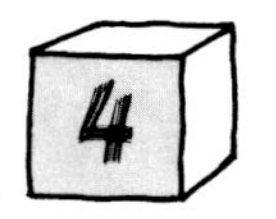

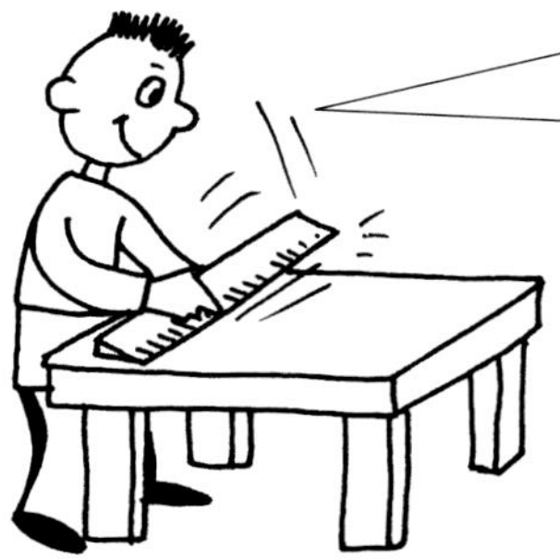

Hier ist die Neue: **Ta-i-ti**!

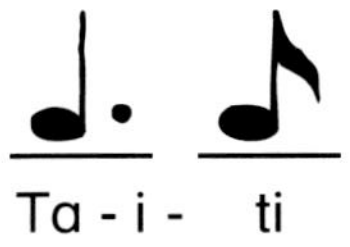

Ta - i - ti

Spiele mit uns im Klassenzimmer! Sprich, klatsche und spiele jede Würfelseite mehrmals hintereinander.

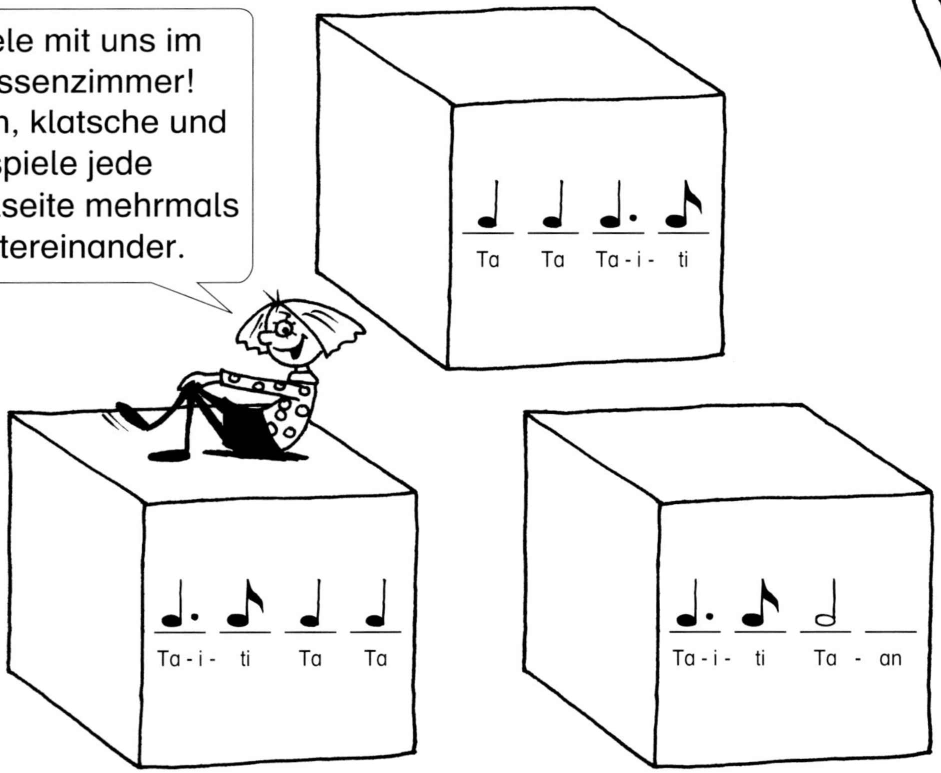

Ta Ta Ta - i - ti

Ta - i - ti Ta Ta

Ta - i - ti Ta - an

Verbinde: Welche Wörter passen zu welchen Noten?
Streiche nicht passende Wörter durch.

Ta - an Ta - i - ti

Ta Ta Ta - i - ti

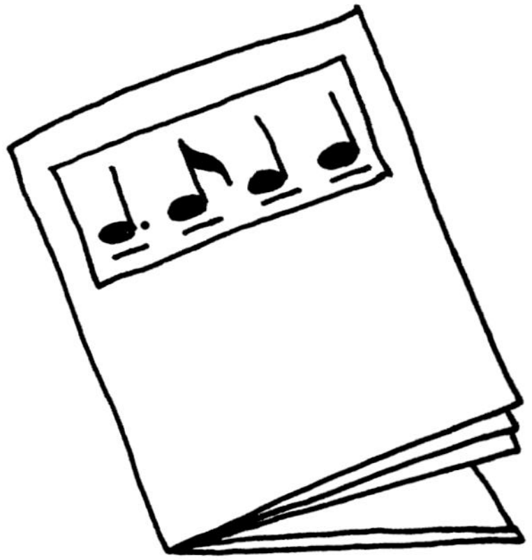

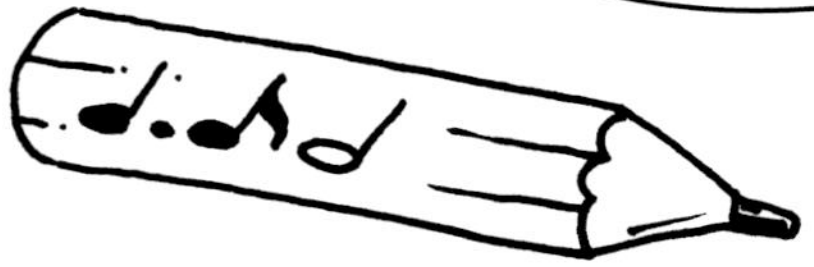

Ta Ta Ti - ti

Ta - i - ti Ta Ta

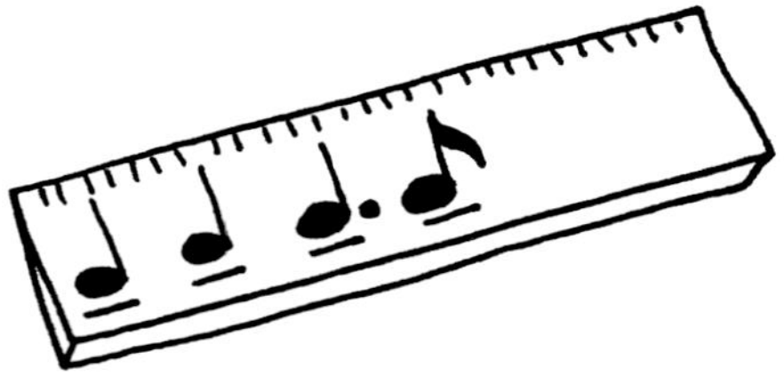

Ta - i - ti Ta - an

Ta Ti - ti

Mit Ta - i - ti Rhythmen erfinden und spielen

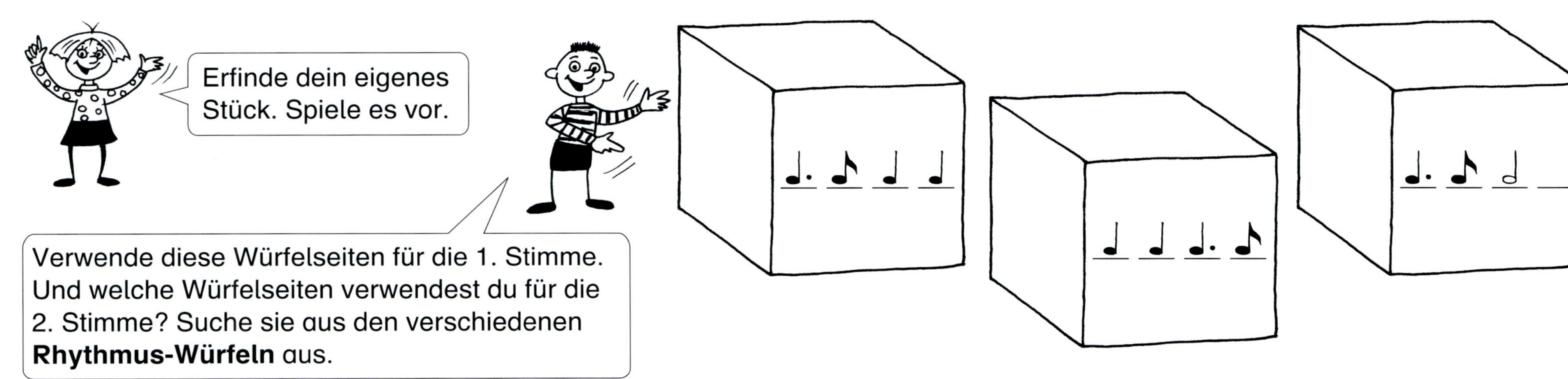

Erfinde dein eigenes Stück. Spiele es vor.

Verwende diese Würfelseiten für die 1. Stimme. Und welche Würfelseiten verwendest du für die 2. Stimme? Suche sie aus den verschiedenen **Rhythmus-Würfeln** aus.

1. Stimme	___ ___ ___ ___	___ ___ ___ ___	___ ___ ___ ___	___ ___ ___ ___
2. Stimme	___ ___ ___ ___	___ ___ ___ ___	___ ___ ___ ___	___ ___ ___ ___

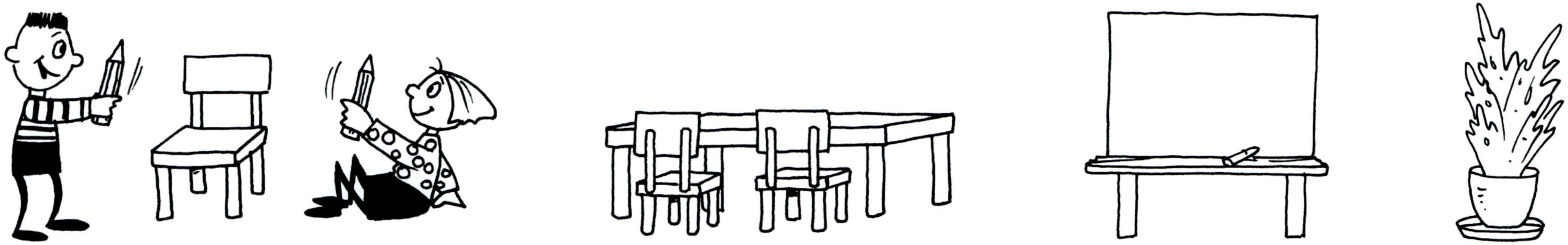

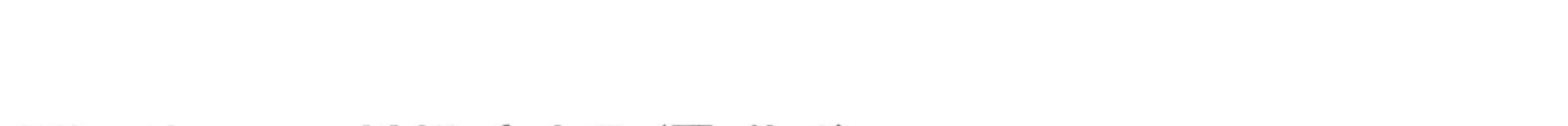

Übungsstücke zum Rhythmus-Würfel 5 (Teil 1)

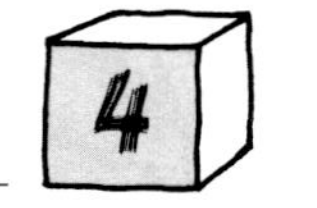

Übungsstück 1

1. Stimme

2. Stimme

Übungsstück 2

1. Stimme

2. Stimme

Nutze diese Instrumente, um die Stücke zu spielen:

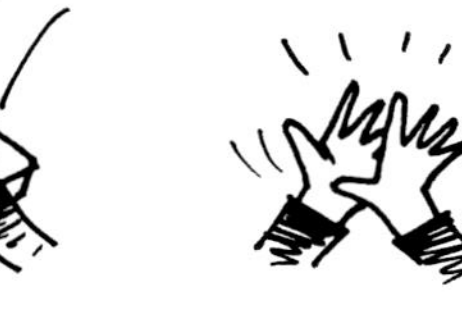

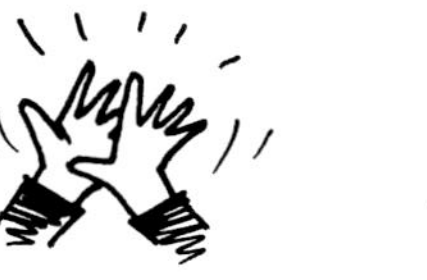

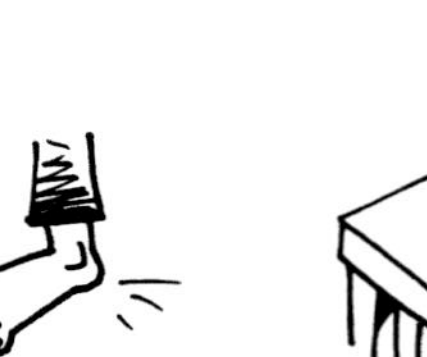

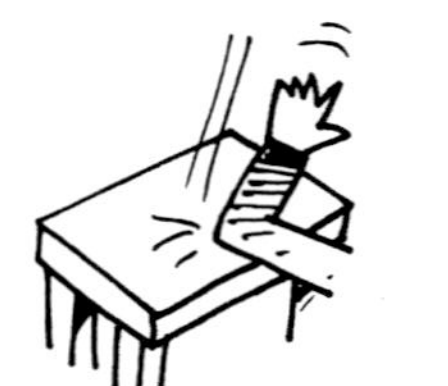

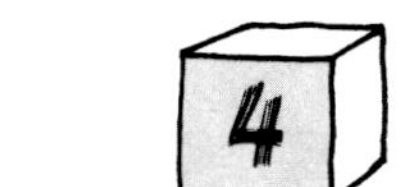

Things in the classroom

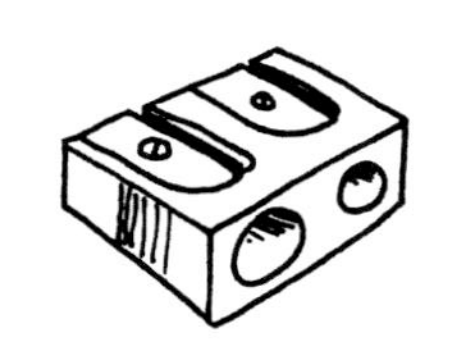
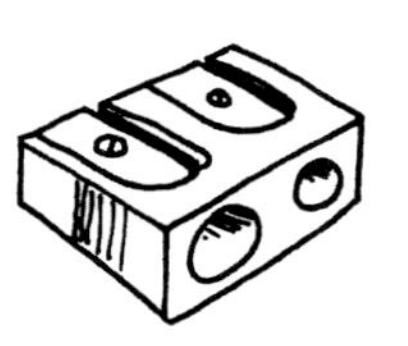
paintbrush

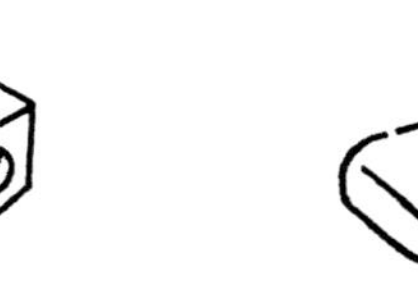
sharpener

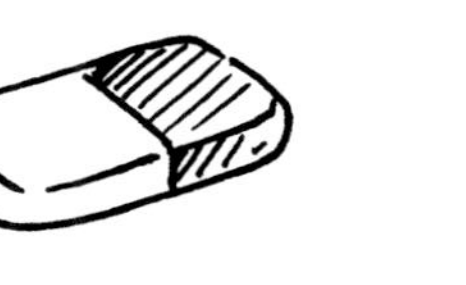
rubber

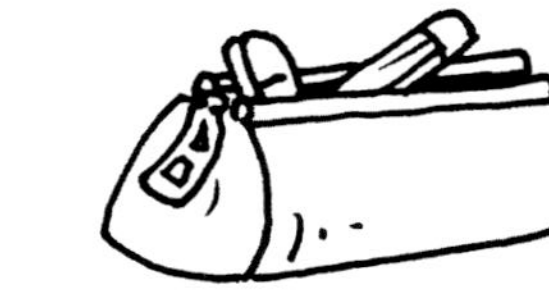
pencilcase

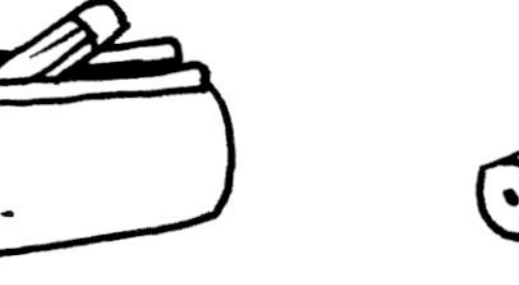
pencil

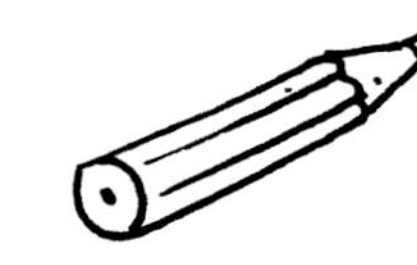
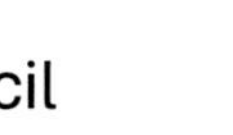
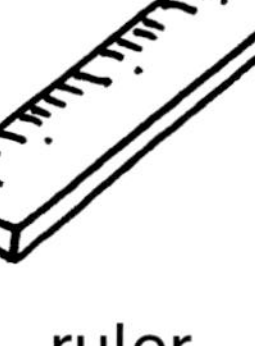
ruler

Ordne die Wörter den **Würfelseiten** auf diesem Arbeitsblatt zu.
Achte dabei auf die Silben der Wörter. Was passt zum Takt der Würfelseite?
Sprich den Vers unten und setze dabei die Wörter ein.
Schreibe dann die Wörter in die passende Sprechblase.

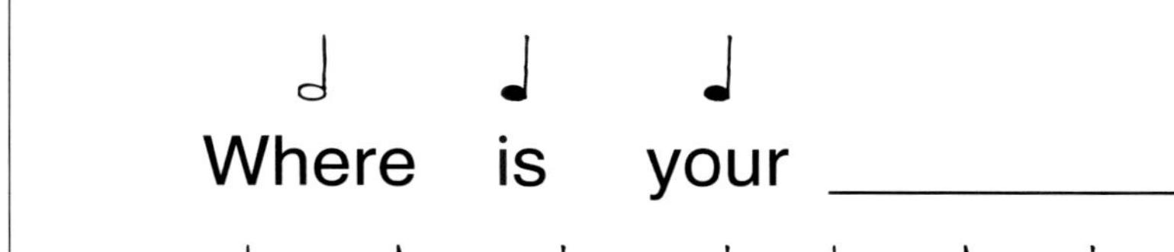
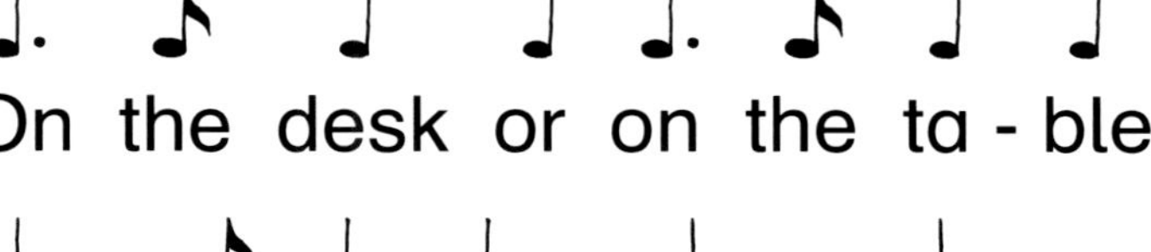
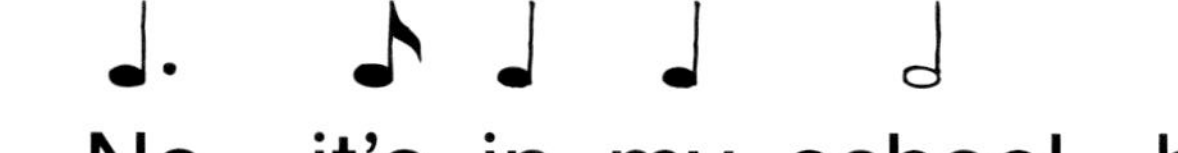

Where is your ____________?

On the desk or on the ta - ble?

No, it's in my school - bag.

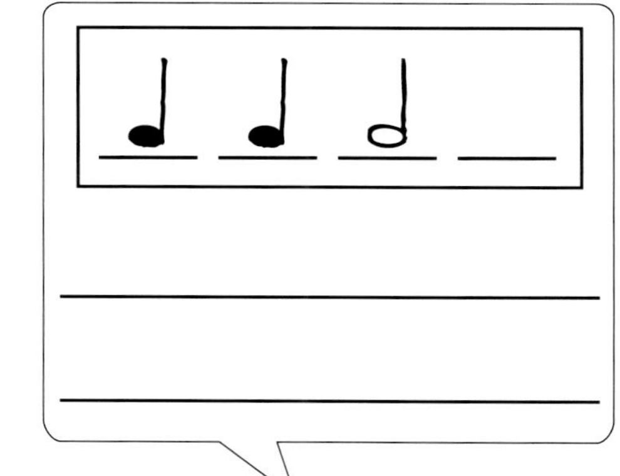
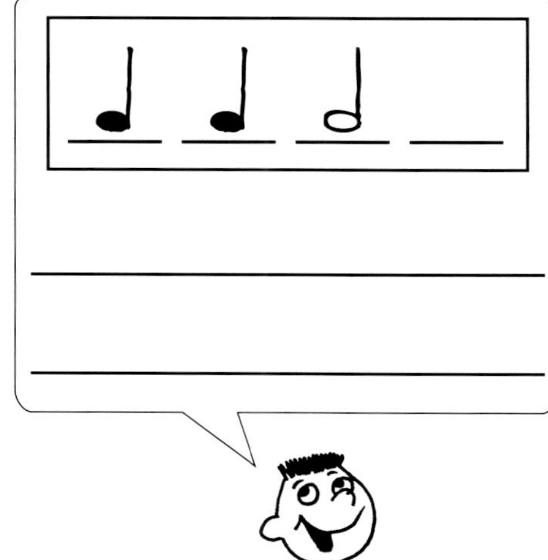

Klassenzimmer-Instrumente: Rhythmen spielen

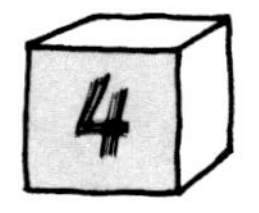

„Instrumente“ im Klassenzimmer:

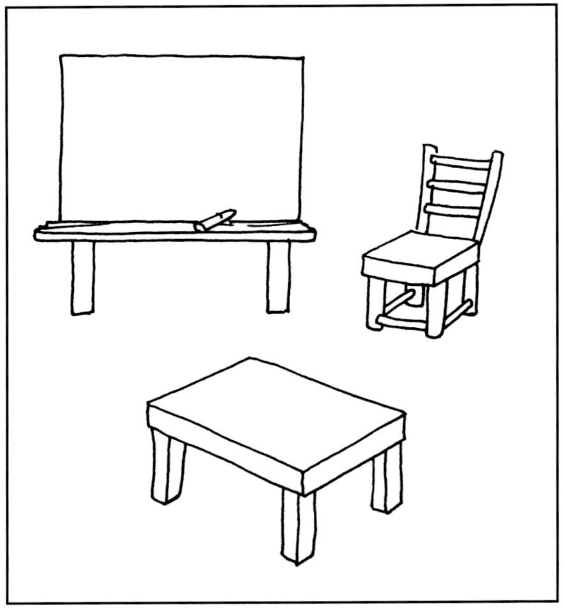

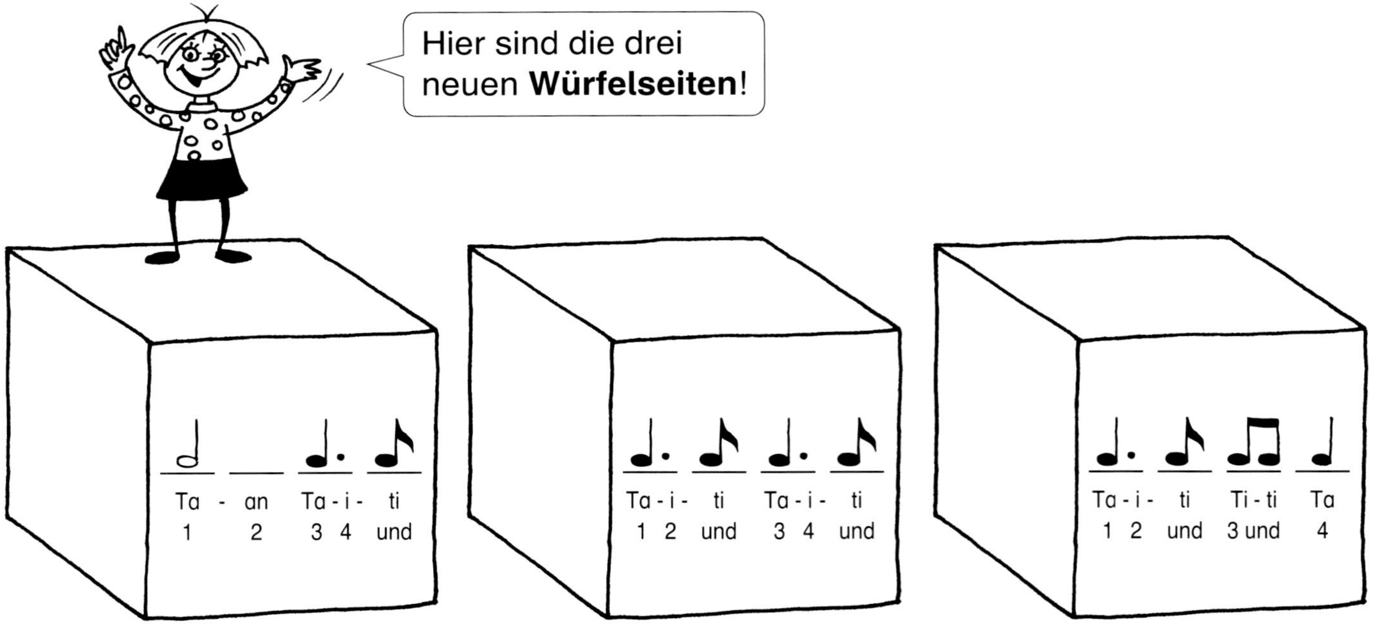

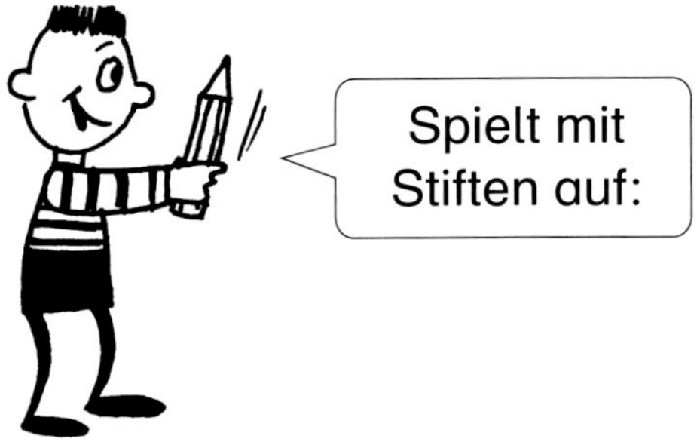

Hier sind die drei neuen **Würfelseiten**!

Ta - an 1 2 | Ta-i- ti 3 4 und

Ta-i- ti 1 2 und | Ta-i- ti 3 4 und

Ta-i- ti 1 2 und | Ti-ti 3 und | Ta 4

Spielt mit Stiften auf:

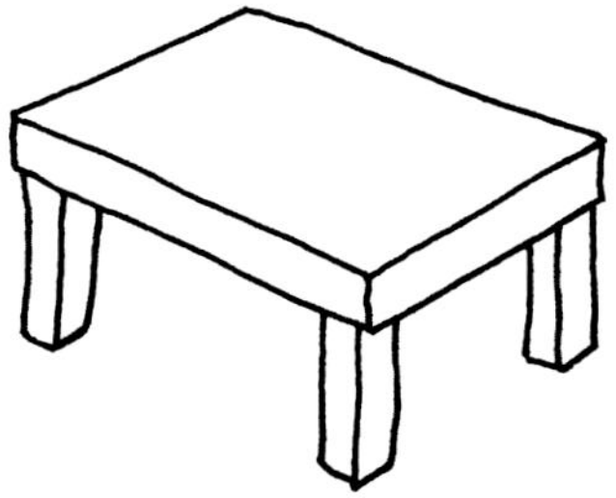

Tisch

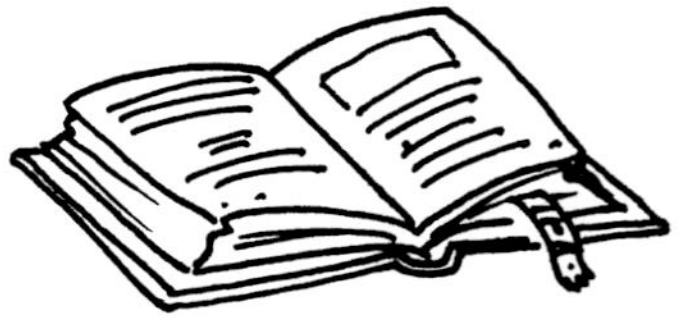

Buch

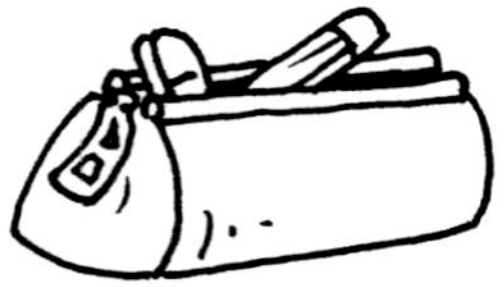

Mäppchen

Lege dir deine „Instrumente“ zurecht. Sie sind jetzt dein „Klassenzimmer-Schlagzeug“. Spiele die Rhythmen jeder Würfelseite hintereinander.

Übungsstücke zum Rhythmus-Würfel 5 (Teil 2)

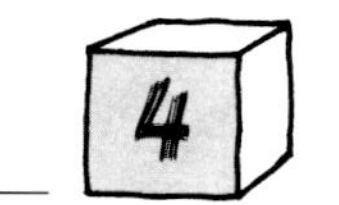

Spiele mit Stiften auf dem …

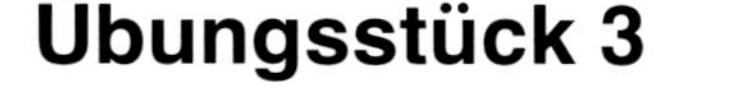

Übungsstück 3

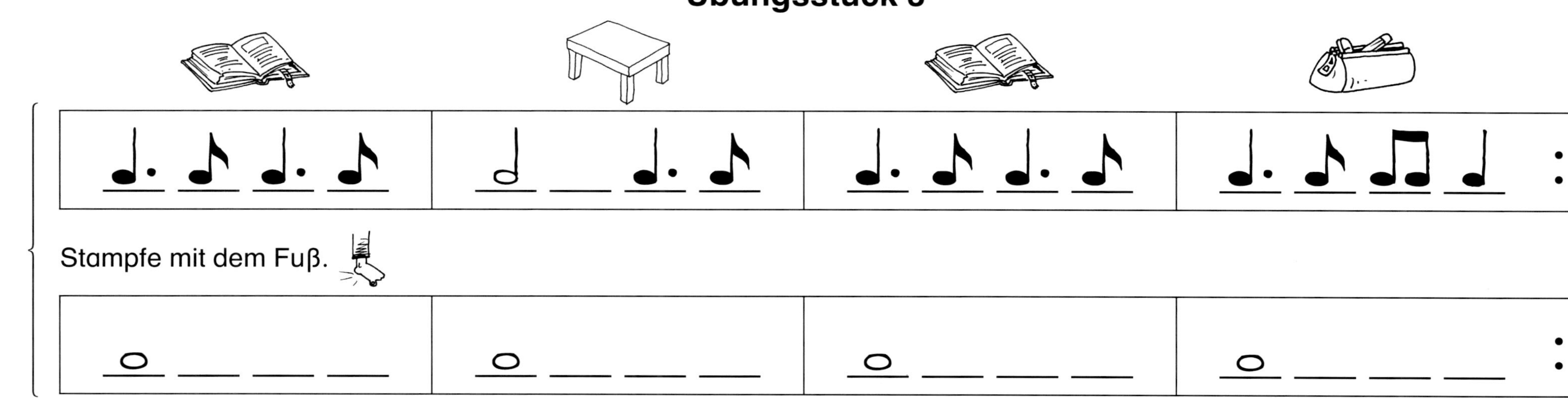

Stampfe mit dem Fuß.

Übungsstück 4

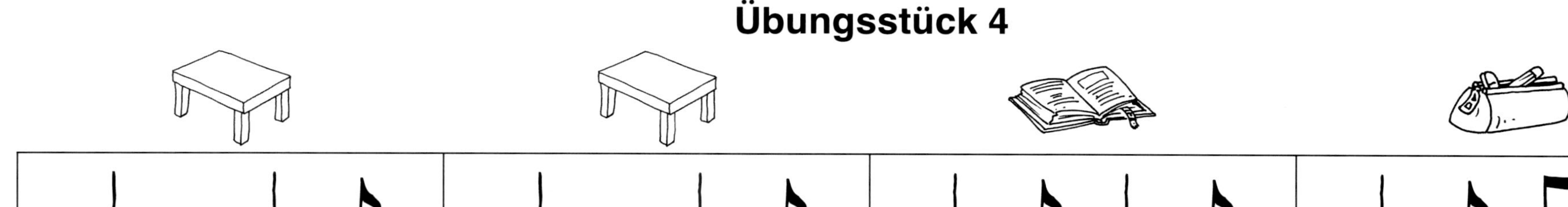

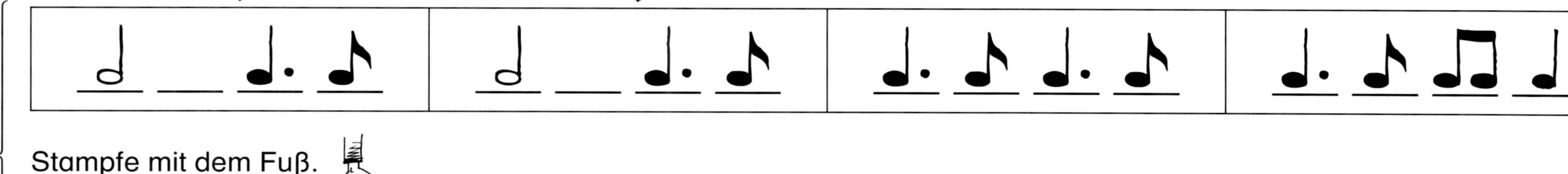

Stampfe mit dem Fuß.

Der Rhythmus-Würfel 6

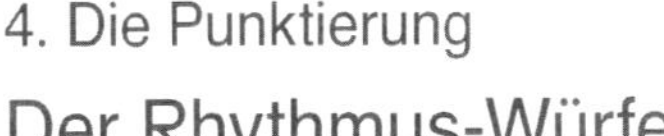

Pit und Patti spielen mit dem neuen **Rhythmus-Würfel 6**:

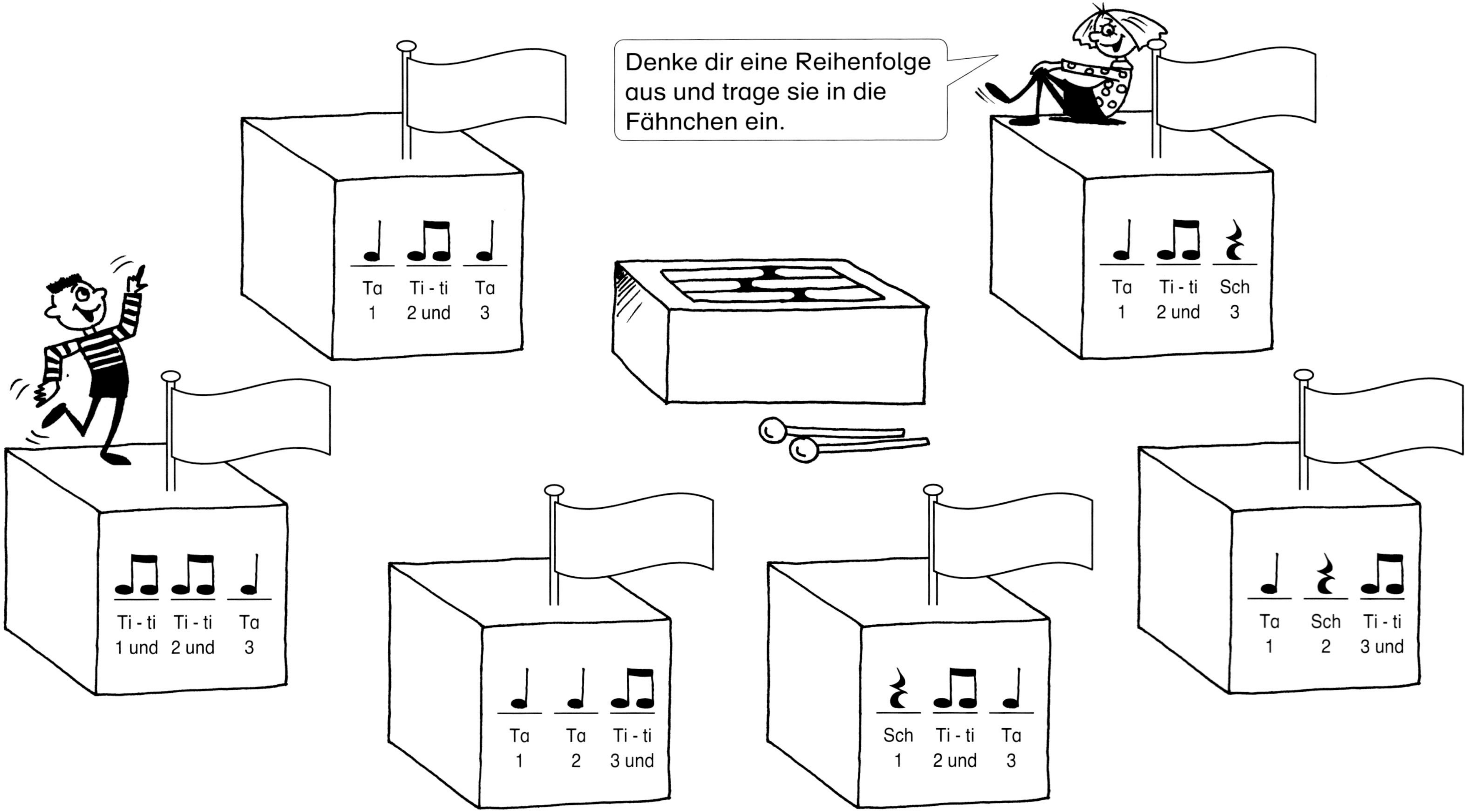

Denke dir eine Reihenfolge aus und trage sie in die Fähnchen ein.

Ta Ti - ti Ta
1 2 und 3

Ta Ti - ti Sch
1 2 und 3

Ti - ti Ti - ti Ta
1 und 2 und 3

Ta Ta Ti - ti
1 2 3 und

Sch Ti - ti Ta
1 2 und 3

Ta Sch Ti - ti
1 2 3 und

Übungsstücke zum Rhythmus-Würfel 6

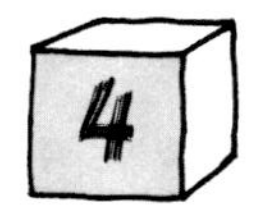

Sprich und spiele die Stücke.

1
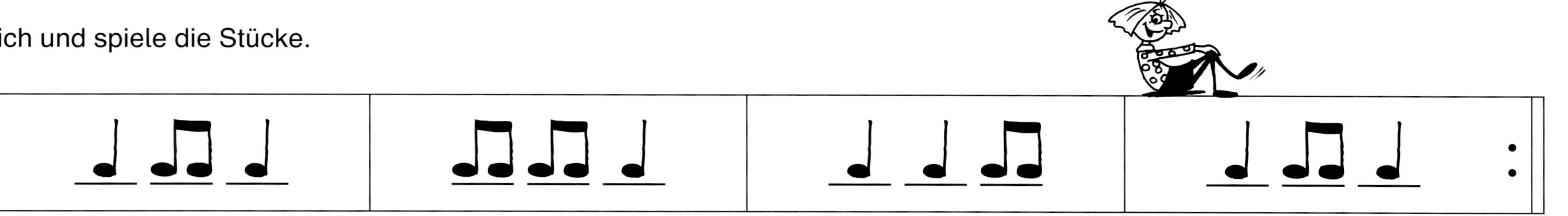

2
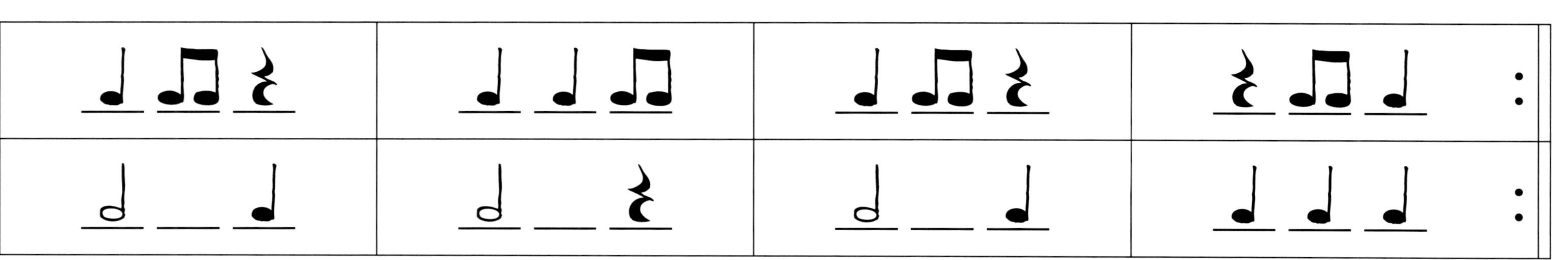

3
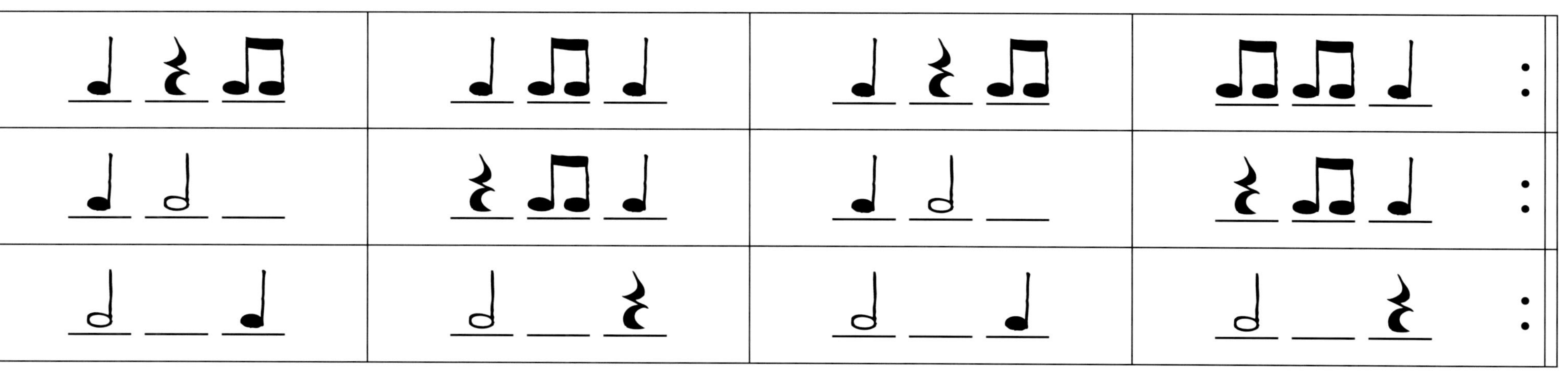

Rhythmen würfeln

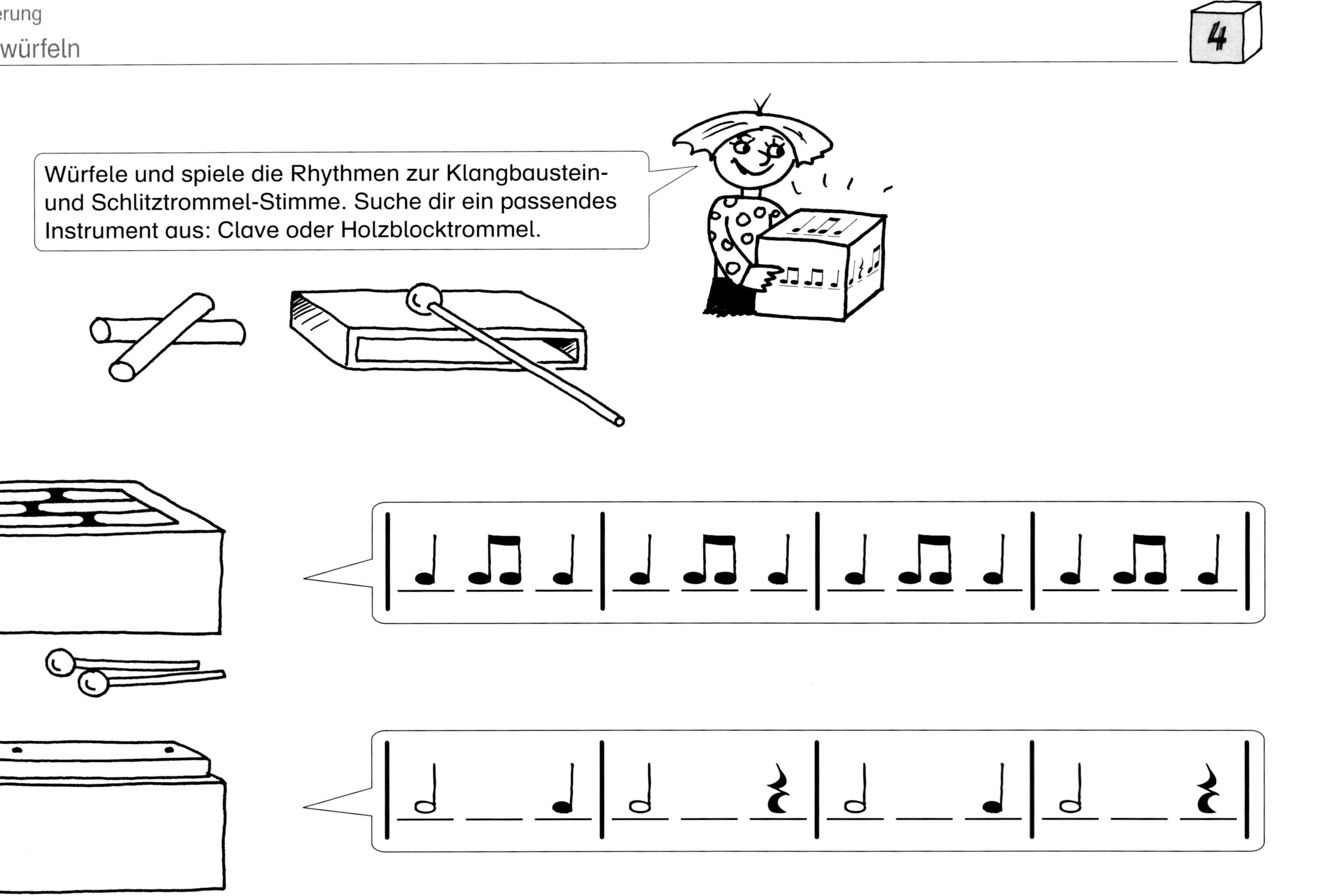

For He's a Jolly Good Fellow

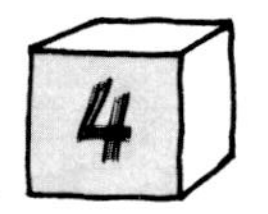

Singt gemeinsam das Lied. Komponiert mit den **Rhythmus-Würfeln 1 und 5** eine Begleitung.

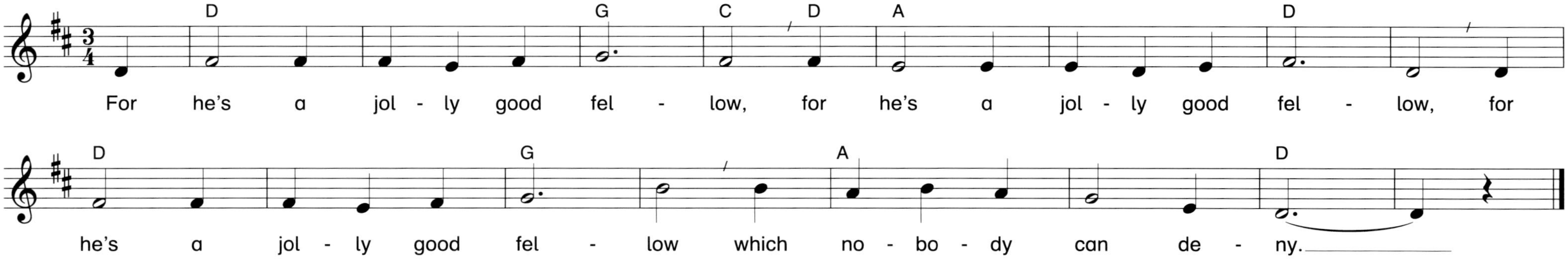

D G C D A D
For he's a jol - ly good fel - low, for he's a jol - ly good fel - low, for

D G A D
he's a jol - ly good fel - low which no - bo - dy can de - ny.

Englisches Volkslied

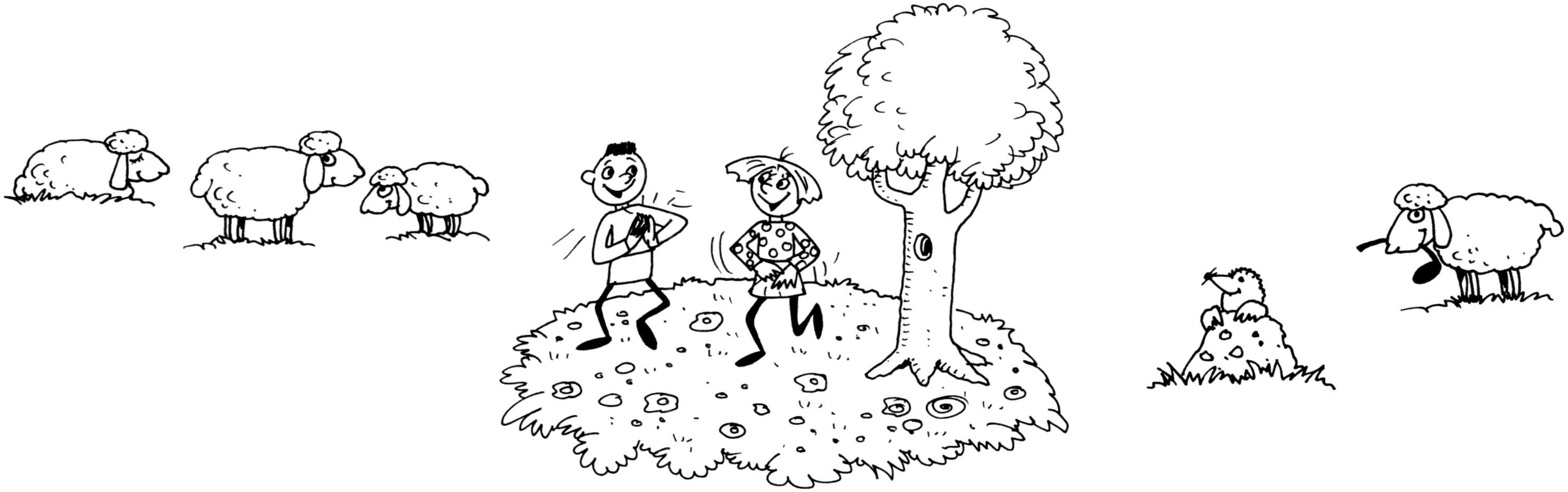

1. Viertel-, halbe und ganze Noten

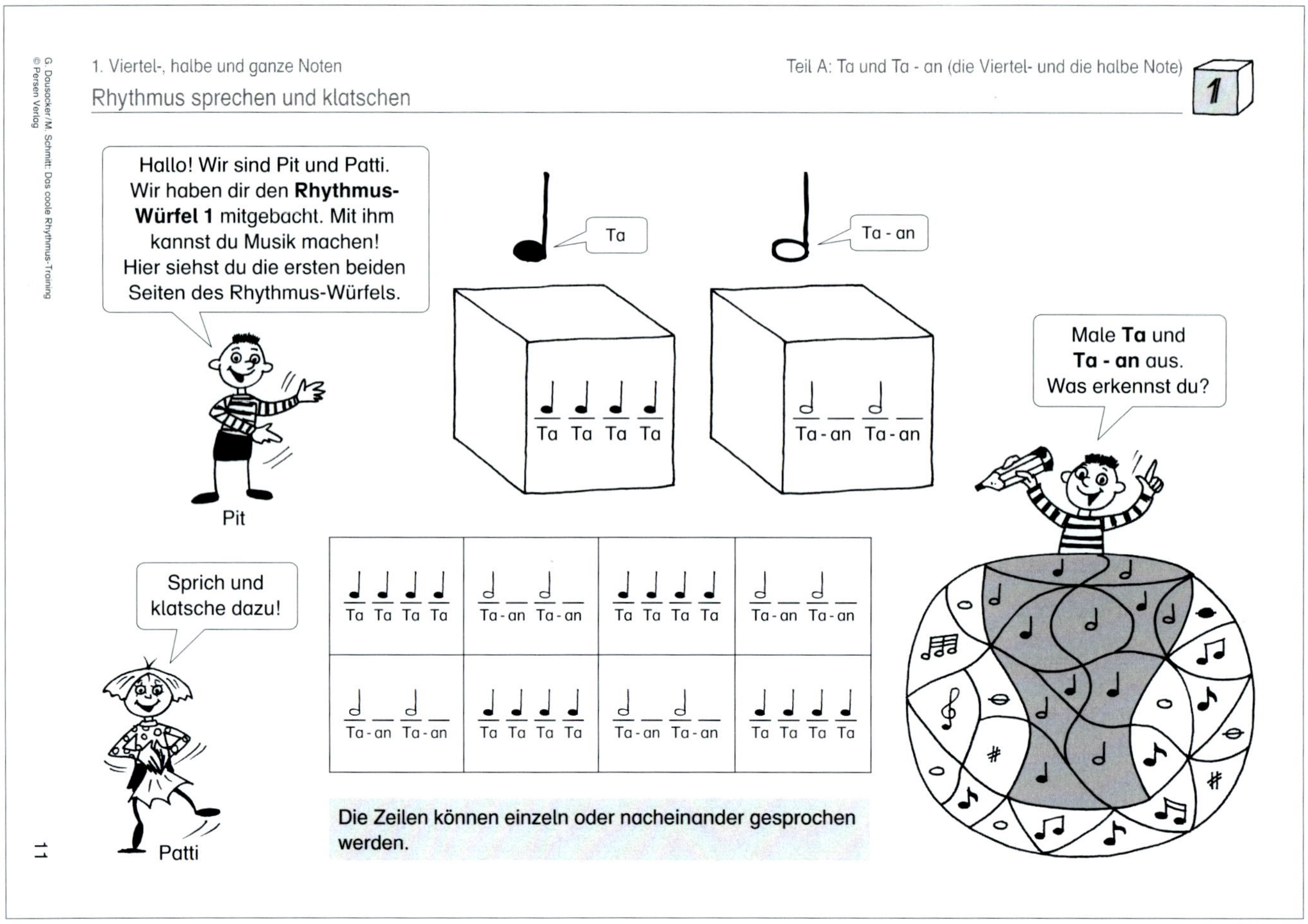

Teil A: Ta und Ta - an (die Viertel- und die halbe Note)

1

Rhythmus sprechen und klatschen

Hallo! Wir sind Pit und Patti. Wir haben dir den **Rhythmus-Würfel 1** mitgebacht. Mit ihm kannst du Musik machen! Hier siehst du die ersten beiden Seiten des Rhythmus-Würfels.

Pit

Ta

Ta - an

Ta Ta Ta Ta

Ta-an Ta-an

Male **Ta** und **Ta - an** aus. Was erkennst du?

Sprich und klatsche dazu!

Ta Ta Ta Ta	Ta-an Ta-an	Ta Ta Ta Ta	Ta-an Ta-an
Ta-an Ta-an	Ta Ta Ta Ta	Ta-an Ta-an	Ta Ta Ta Ta

Patti

Die Zeilen können einzeln oder nacheinander gesprochen werden.

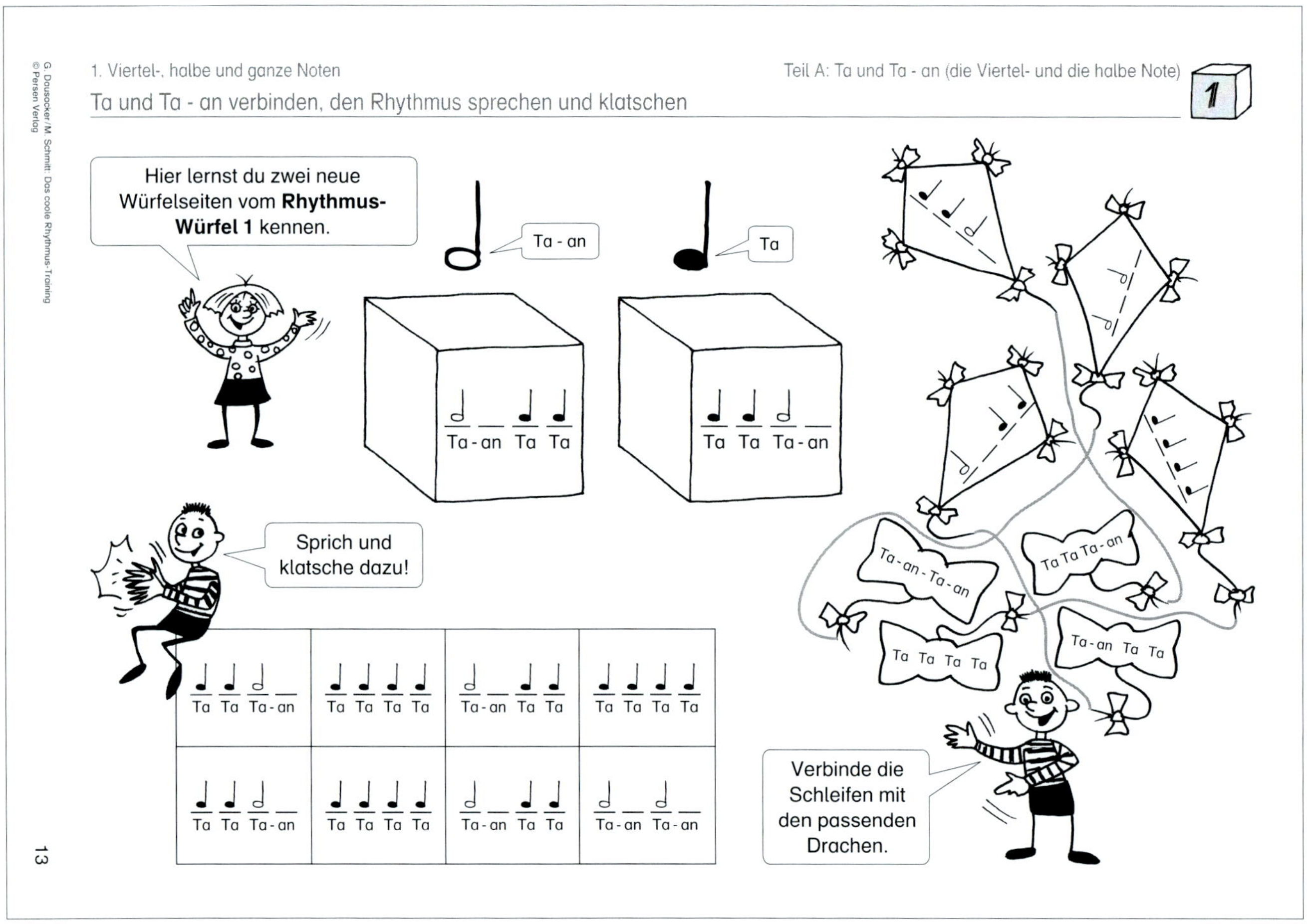

1. Viertel-, halbe und ganze Noten

Teil A: Ta und Ta - an (die Viertel- und die halbe Note)

1

Ta und Ta - an verbinden, den Rhythmus sprechen und klatschen

Hier lernst du zwei neue Würfelseiten vom **Rhythmus-Würfel 1** kennen.

Ta - an

Ta

Ta-an Ta Ta

Ta Ta Ta-an

Sprich und klatsche dazu!

Ta-an-Ta-an

Ta Ta Ta-an

Ta Ta Ta Ta

Ta-an Ta Ta

Ta Ta Ta-an	Ta Ta Ta Ta	Ta-an Ta Ta	Ta Ta Ta Ta
Ta Ta Ta-an	Ta Ta Ta Ta	Ta-an Ta Ta	Ta-an Ta-an

Verbinde die Schleifen mit den passenden Drachen.

5. Lösungen

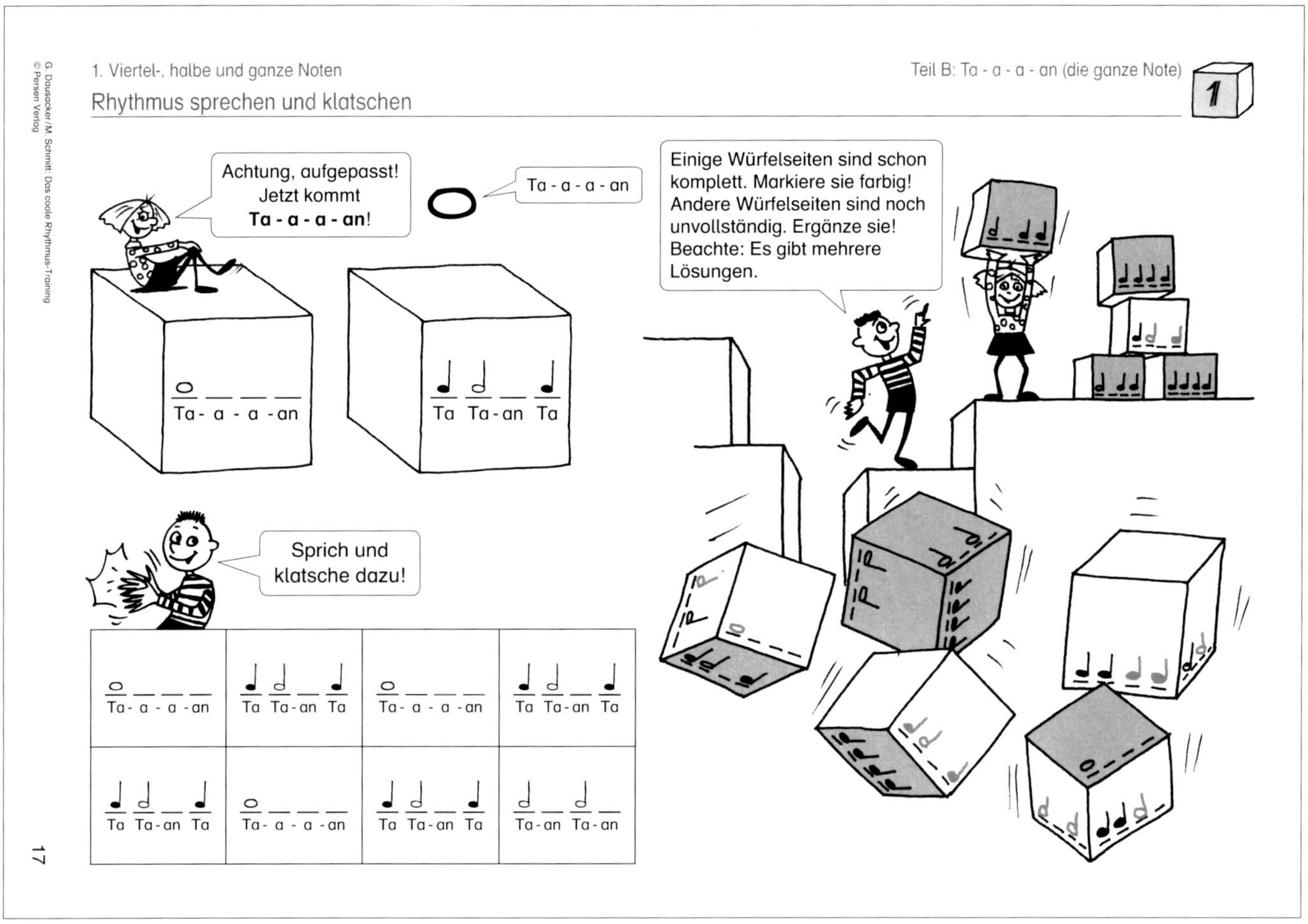

G. Dausacker/M. Schmitt: Das coole Rhythmus-Training
© Persen Verlag

1. Viertel-, halbe und ganze Noten — Teil B: Ta - a - a - an (die ganze Note) — 1

Rhythmus sprechen und klatschen

Ta- a - a -an	Ta Ta-an Ta	Ta- a - a -an	Ta Ta-an Ta
Ta Ta-an Ta	Ta- a - a -an	Ta Ta-an Ta	Ta-an Ta-an

17

G. Dausacker/M. Schmitt: Das coole Rhythmus-Training
© Persen Verlag

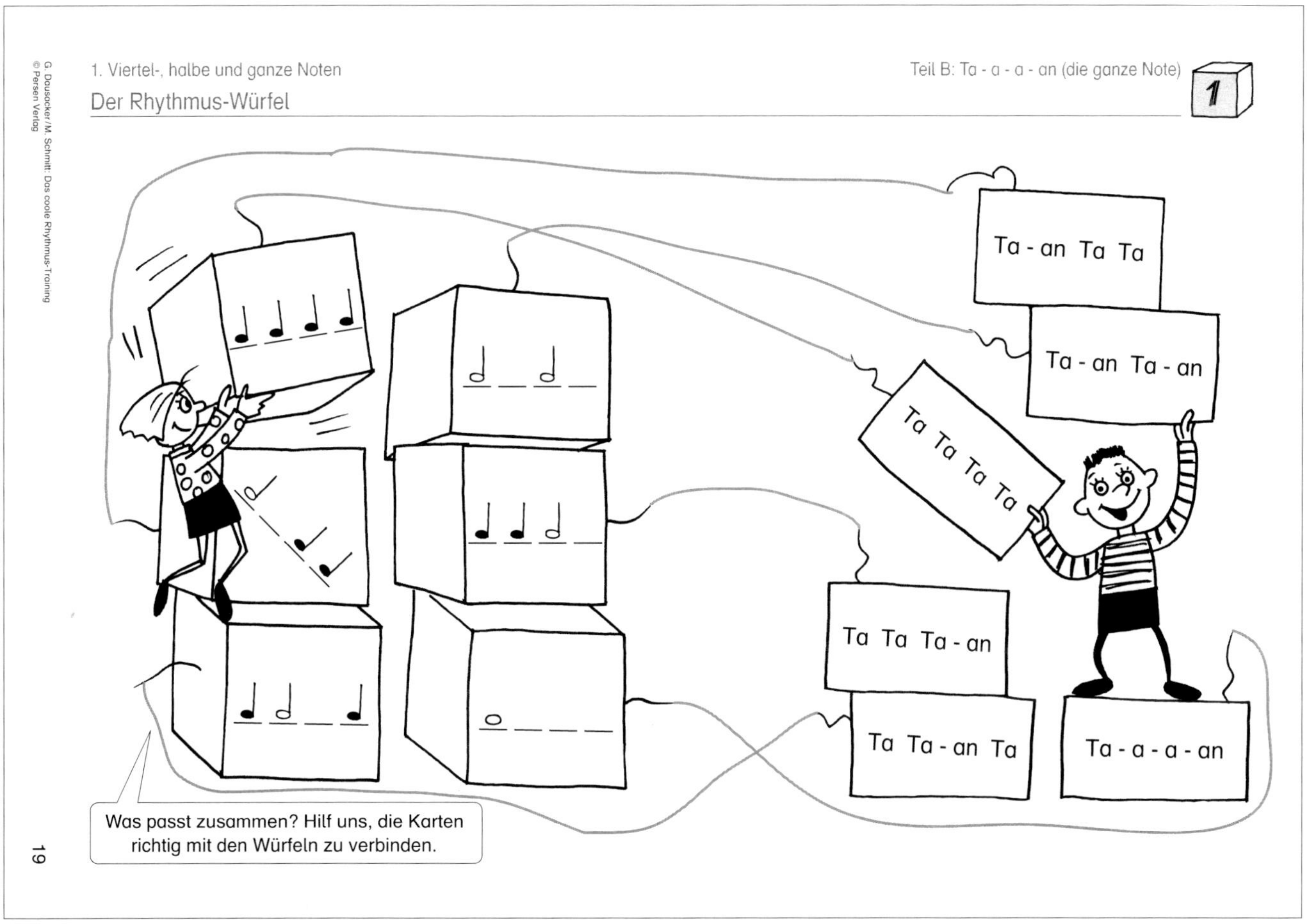

1. Viertel-, halbe und ganze Noten — Teil B: Ta - a - a - an (die ganze Note) — 1

Der Rhythmus-Würfel

19

5. Lösungen

21

G. Dausacker/M. Schmitt: Das coole Rhythmus-Training
© Persen Verlag

1. Viertel-, halbe und ganze Noten

Teil B: Ta - a - a - an (die ganze Note)

1

Die Rhythmus-Folge (2)

Pit und Patti wetten, wer länger rufen kann. Teile Pits und Pattis Rufe mit Strichen in Würfelseiten ein.

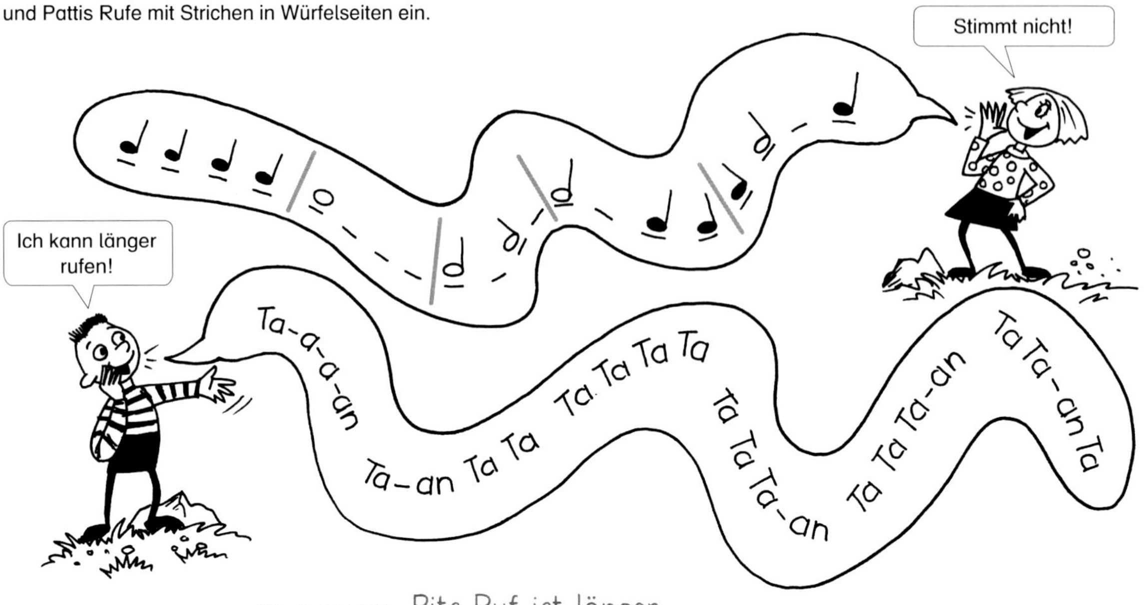

Wer hat recht? Pits Ruf ist länger.

Vergleiche mit dem Rhythmus-Würfel 1.
Probiere aus.

25

G. Dausacker/M. Schmitt: Das coole Rhythmus-Training
© Persen Verlag

1. Viertel-, halbe und ganze Noten

Teil B: Ta - a - a - an (die ganze Note)

1

Zwei Rhythmus-Mauern selbst bauen

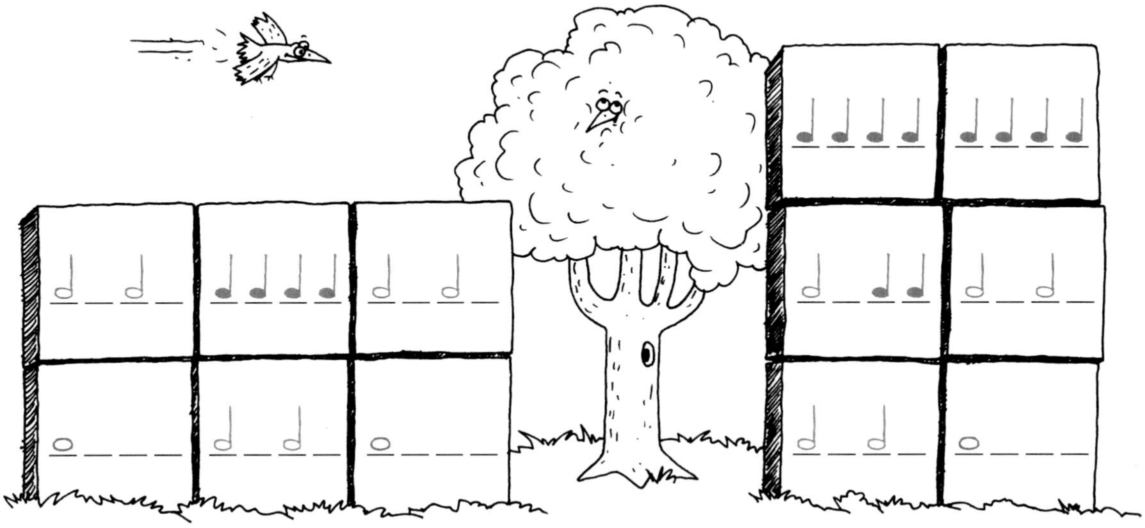

Würfele mit deinem **Rhythmus-Würfel 1** deine eigene Mauer. Schreibe die Noten auf und spiele sie mit einem Partner.
Du musst darauf achten, dass das Fundament (die unteren Steine) stabil ist.
Verwende deshalb für das Fundament Würfelseiten mit langen Noten (z. B. Ta - a - a - an und Ta - an).

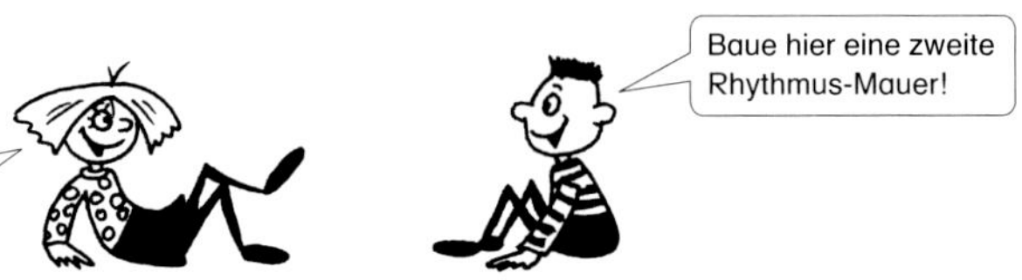

5. Lösungen

26 1. Viertel-, halbe und ganze Noten

Teil B: Ta - a - a - an (die ganze Note) 1

Ta, Ta - an und Ta - a - a - an

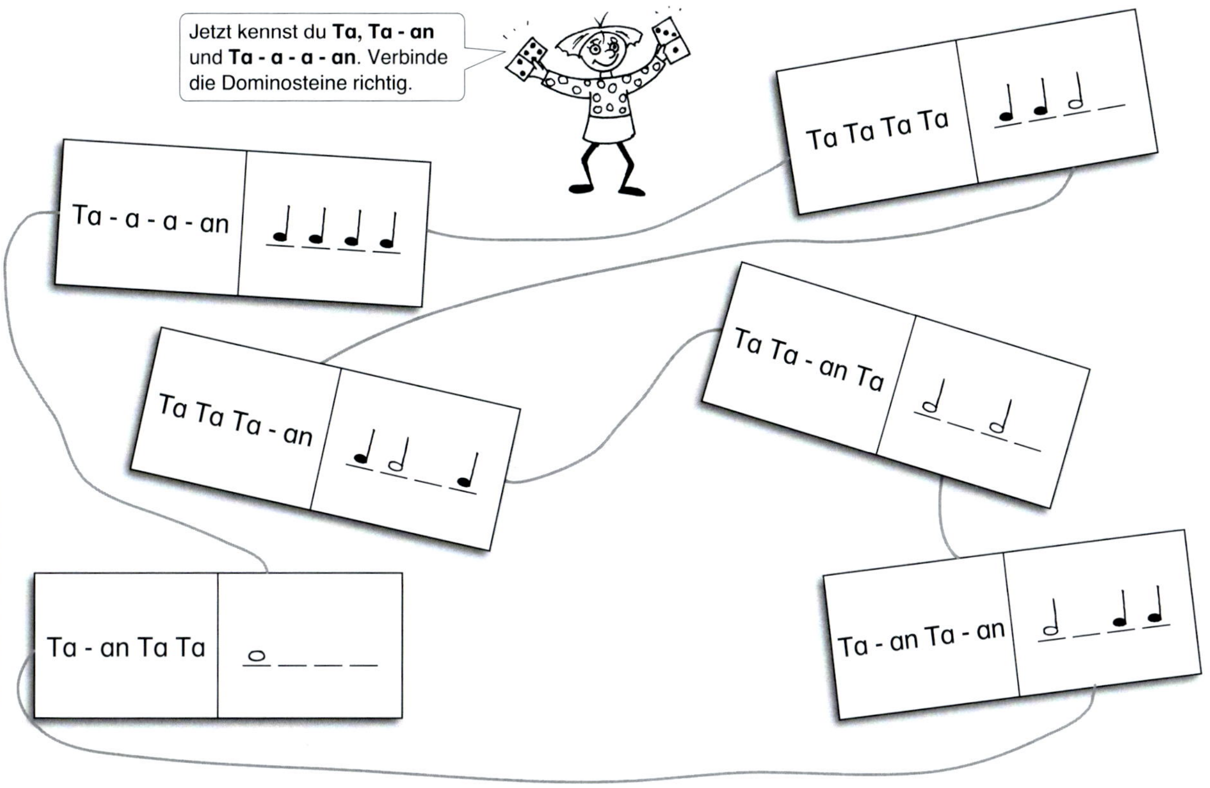

Jetzt kennst du **Ta, Ta - an** und **Ta - a - a - an**. Verbinde die Dominosteine richtig.

Ta Ta Ta Ta

Ta - a - a - an

Ta Ta - an Ta

Ta Ta Ta - an

Ta - an Ta Ta

Ta - an Ta - an

2. Die Achtelnote (Ti - ti)

Rhythmus sprechen und klatschen 2

Jetzt lernt ihr einen neuen Rhythmus-Würfel kennen, den **Rhythmus-Würfel 2**! Hier seht ihr die ersten drei Seiten des Würfels.

Ti - ti

Ta Ti - ti Ta Ti - ti

Ta Ta Ti - ti Ta

Ti - ti Ti - ti Ta Ta

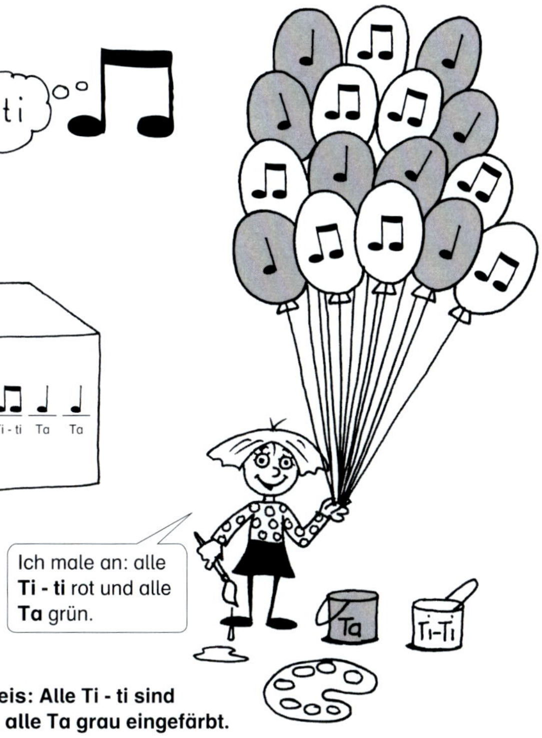

Ich male an: alle **Ti - ti** rot und alle **Ta** grün.

Ta

Ti-Ti

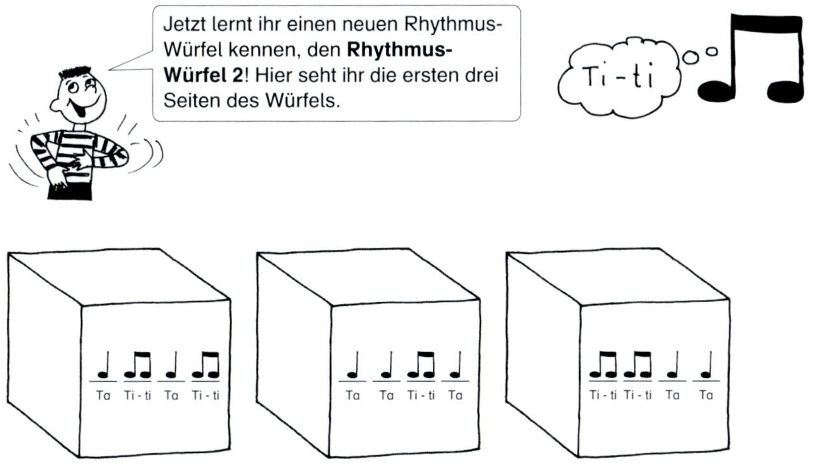

Sprecht die Rhythmen zuerst und klatscht sie dann.
Klatscht und sprecht sie hintereinander.
Probiert verschiedene Möglichkeiten aus.

33

Hinweis: Alle Ti - ti sind weiß, alle Ta grau eingefärbt.

5. Lösungen

2. Die Achtelnote (Ti - ti)

Verkehrs-Rap

2

Alle: Was ist das?

1. Strophe: Fahrradklingel, Hupe, ~~Kochtopf, Pizzateig~~, Rastplatz, Ölfilter, Rückspiegel, Gangschaltung, Gaspedale, Schilder, Gurt, Helm, Feuerwehr, Fahrradlenker, Blinker, ~~Rose, Spiegelei~~, Scheinwerfer, Fußgänger, Sattelschlepper, Kinder.

Refrain: Was ist wohl des Rätsels Lösung? Eigentlich ist's gar nicht schwer! Alles das gehört einfach zum Straßenverkehr.

2. Strophe: ~~Fernseher, Zahnbürste~~, Auto, Straßenbahn, Kühlerhaube, Rücksitz, Kupplung, Handschuhfach, Krankenwagen, Blaulicht, Bremse, Polizei, ~~Wasserfarben, Kuchen~~, Reflektoren, Rücklicht, Schranke, Mittelstreifen, Zebrastreifen, Rücksicht.

Refrain: Das ist wohl des Rätsels Lösung! Eigentlich war's gar nicht schwer. Alles das gehört einfach zum Straßenverkehr.

Alle: Das ist es!

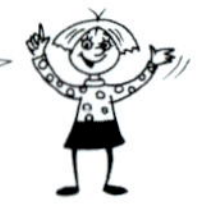

Hey Pit, jetzt rappen wir!

Hier haben sich falsche Wörter eingeschlichen. Streiche sie durch.

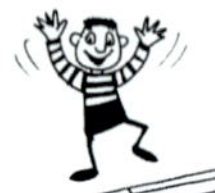

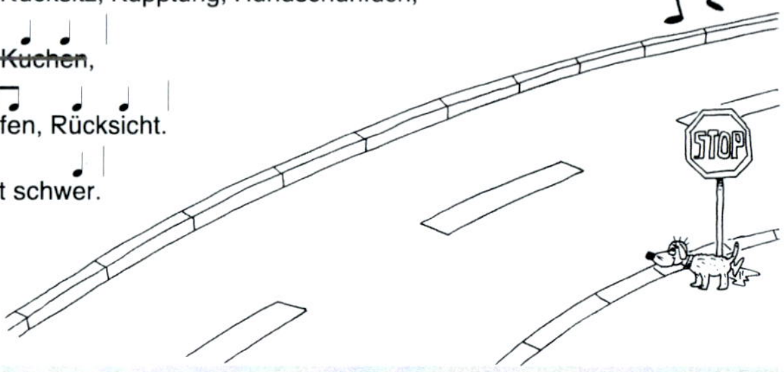

STOP

Drei Spieler (Gruppen) können den Rap so begleiten:
1. mit Fingerklopfen am Tischrand
2. mit Klatschen
3. mit Stampfen

35

38

2. Die Achtelnote (Ti - ti)

Rhythmen sprechen und klatschen

2

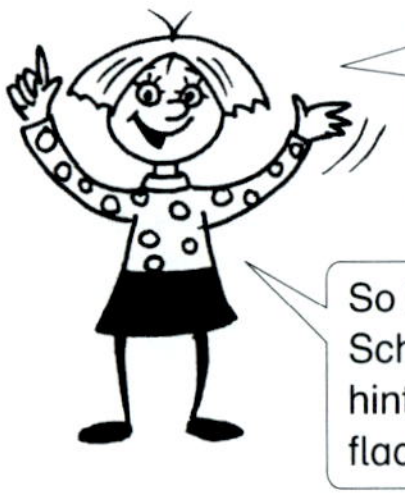

Sprecht zuerst die Rhythmen.
Klatscht sie dann.
Klatscht und sprecht sie hintereinander.
Probiert verschiedene Möglichkeiten aus.

So kannst du **Ti - ti** spielen:
Schlage dir zweimal schnell hintereinander mit der flachen Hand auf die Brust.

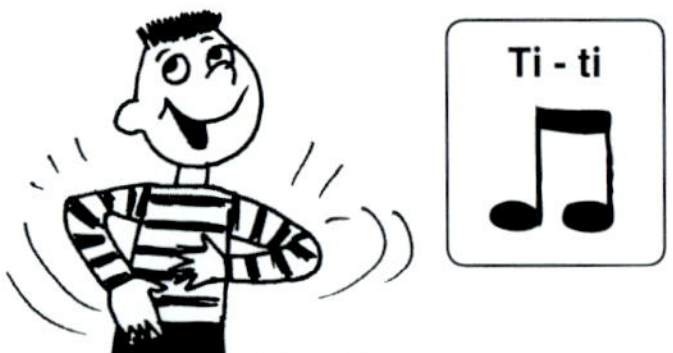

Ti - ti

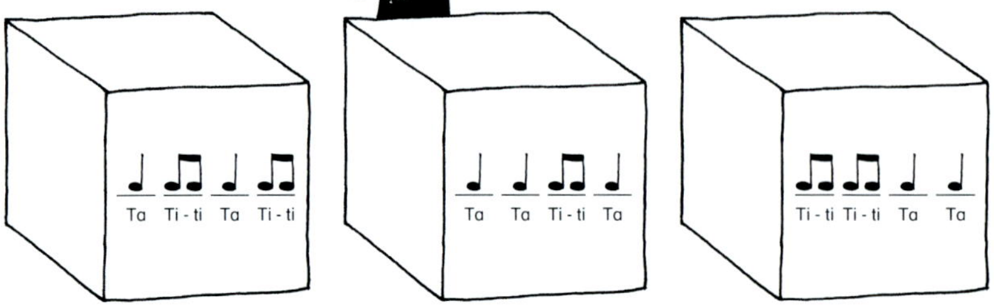

Ta Ti - ti Ta Ti - ti

Ta Ta Ti - ti Ta

Ti - ti Ti - ti Ta Ta

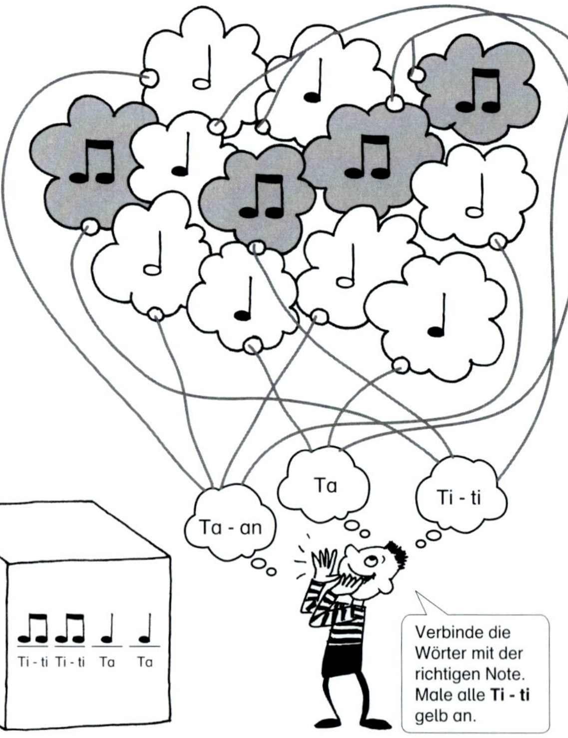

Ta - an

Ta

Ti - ti

Verbinde die Wörter mit der richtigen Note. Male alle **Ti - ti** gelb an.

Hinweis: Ti - ti wurde grau markiert.

5. Lösungen

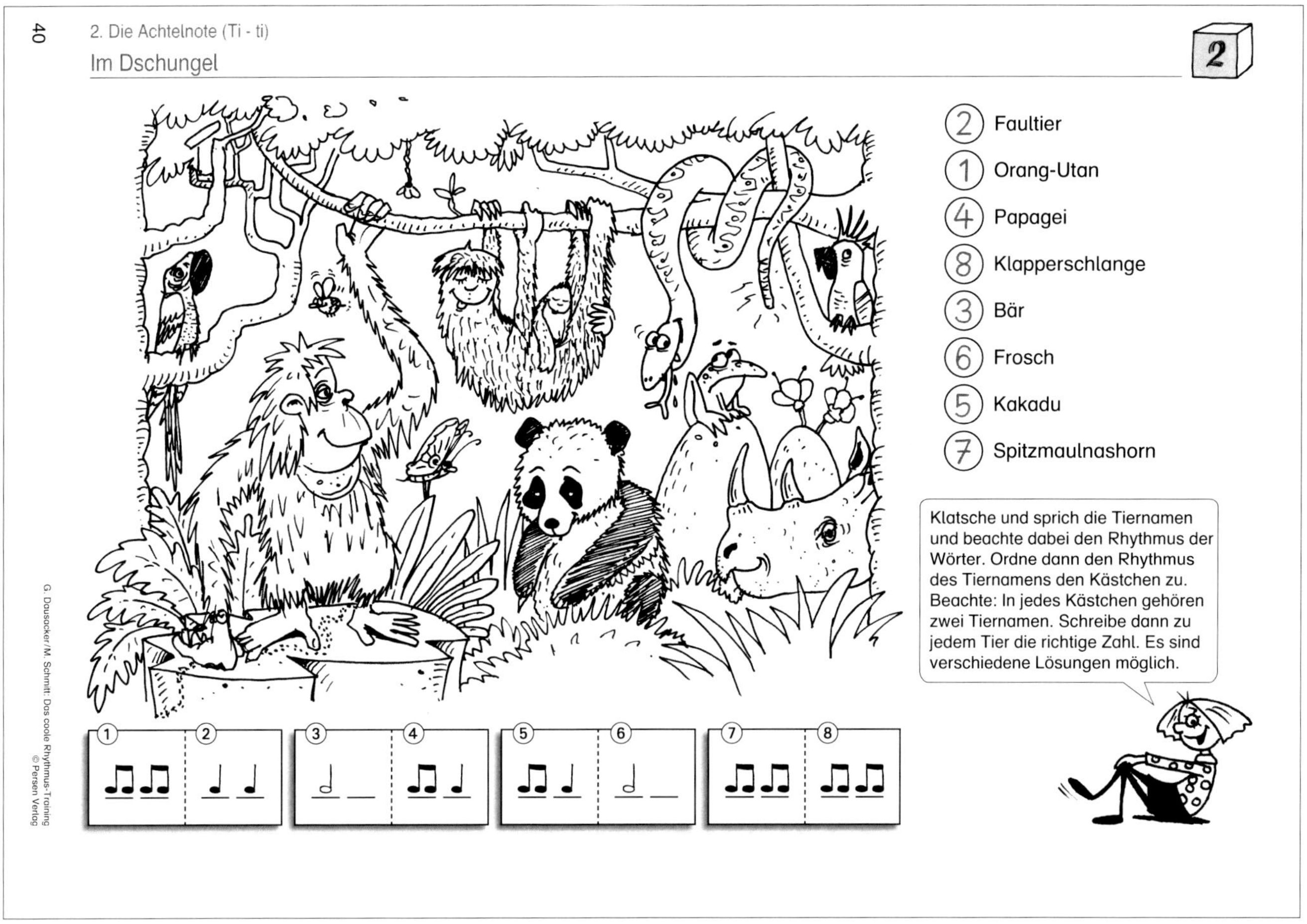

40 2. Die Achtelnote (Ti - ti)

Im Dschungel

2

(2) Faultier
(1) Orang-Utan
(4) Papagei
(8) Klapperschlange
(3) Bär
(6) Frosch
(5) Kakadu
(7) Spitzmaulnashorn

Klatsche und sprich die Tiernamen und beachte dabei den Rhythmus der Wörter. Ordne dann den Rhythmus des Tiernamens den Kästchen zu. Beachte: In jedes Kästchen gehören zwei Tiernamen. Schreibe dann zu jedem Tier die richtige Zahl. Es sind verschiedene Lösungen möglich.

(1) (2) (3) (4) (5) (6) (7) (8)

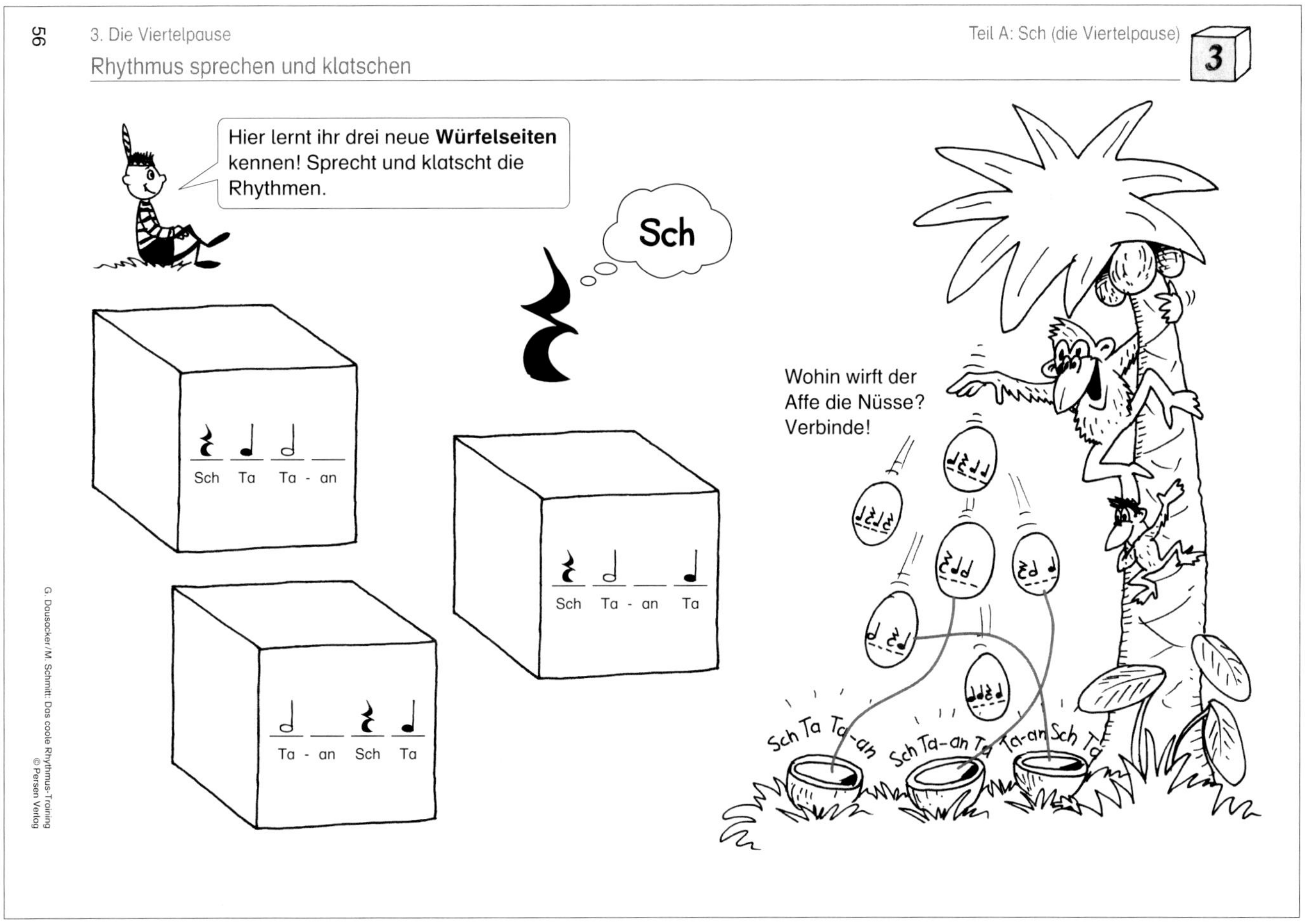

56 3. Die Viertelpause

Teil A: Sch (die Viertelpause)

Rhythmus sprechen und klatschen

3

Hier lernt ihr drei neue **Würfelseiten** kennen! Sprecht und klatscht die Rhythmen.

Sch

Sch Ta Ta - an

Sch Ta - an Ta

Ta - an Sch Ta

Wohin wirft der Affe die Nüsse? Verbinde!

Sch Ta Ta-an
Sch Ta-an Ta
Ta-an Sch Ta

5. Lösungen

3. Die Viertelpause

Teil A: Sch (die Viertelpause) **3**

Rhythmus vervollständigen und spielen

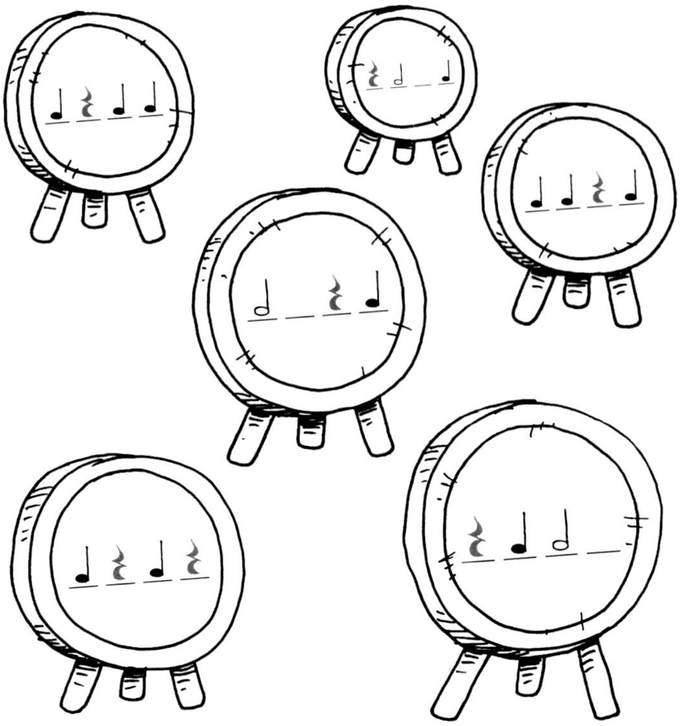

Pit und Patti schießen **Pausen** auf die Zielscheiben.
Setze die Pausenzeichen an die richtigen Stellen.
Spiele die Rhythmen mit Instrumenten.

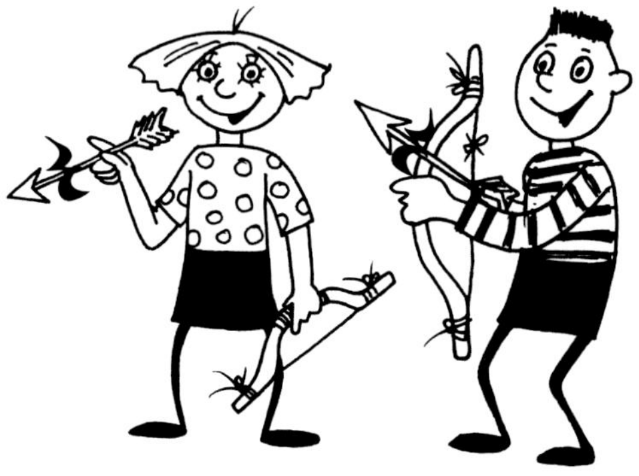

59

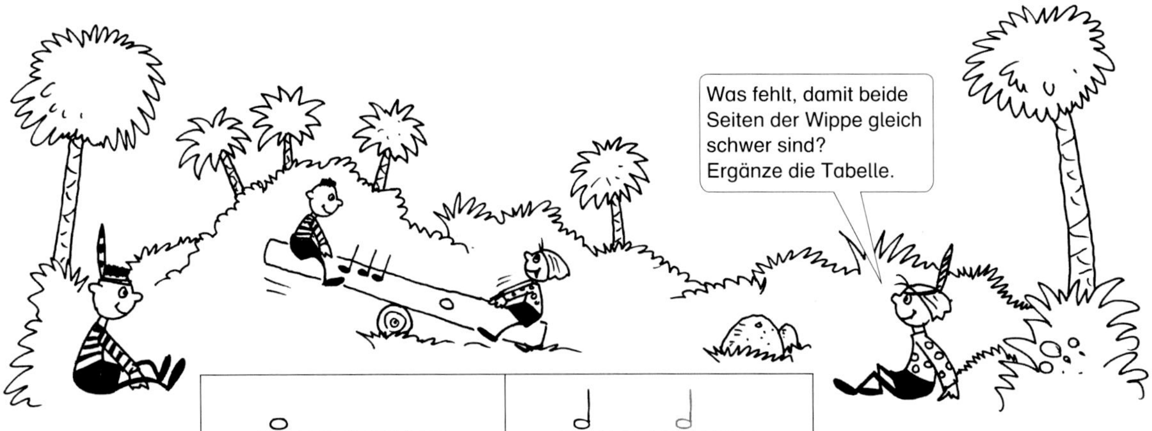

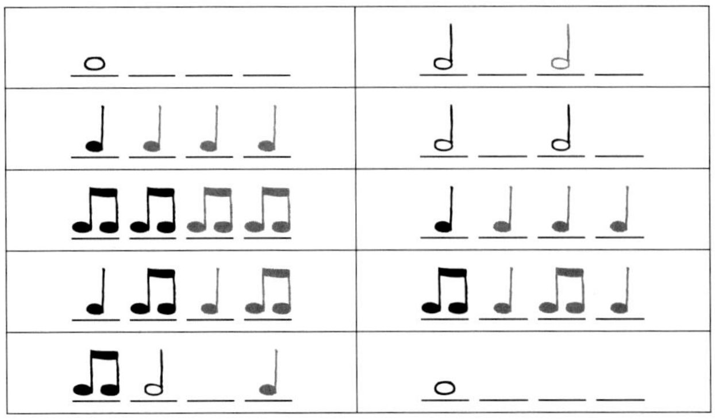

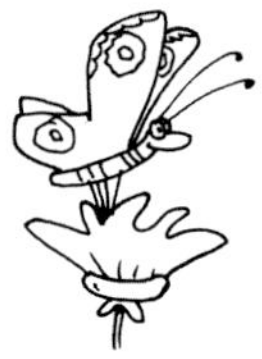

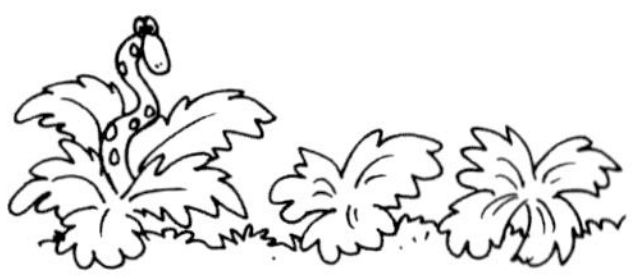

G. Dausacker/M. Schmitt: Das coole Rhythmus-Training
© Persen Verlag

3. Die Viertelpause

Teil A: Sch (die Viertelpause) **3**

Gleichgewicht

Was fehlt, damit beide Seiten der Wippe gleich schwer sind?
Ergänze die Tabelle.

63

76

4. Die Punktierung

Ta - i - ti (die Dreiachtelnote)

4

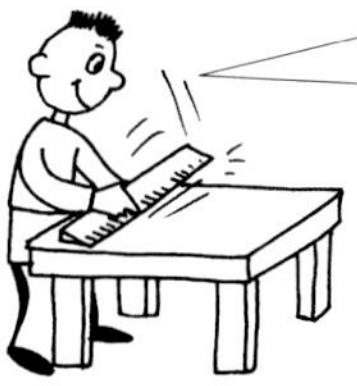

Hier ist die Neue: **Ta-i-ti**!

Ta - i - ti

Verbinde: Welche Wörter passen zu welchen Noten?
Streiche nicht passende Wörter durch.

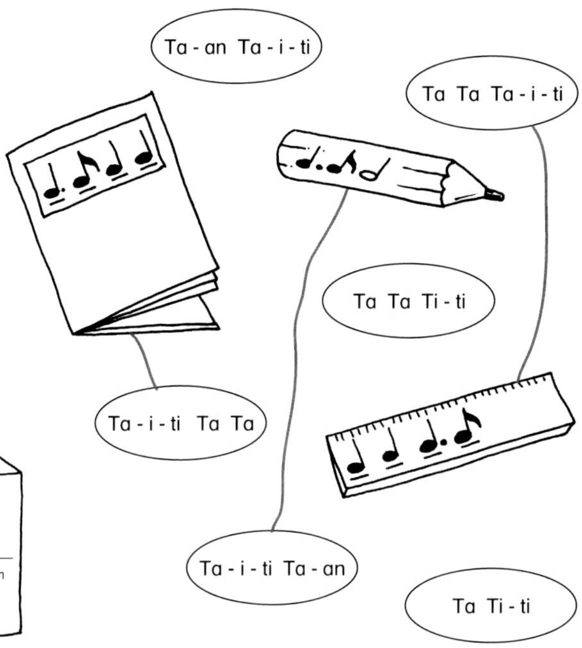

Ta - an Ta - i - ti

Ta Ta Ta - i - ti

Spiele mit uns im Klassenzimmer! Sprich, klatsche und spiele jede Würfelseite mehrmals hintereinander.

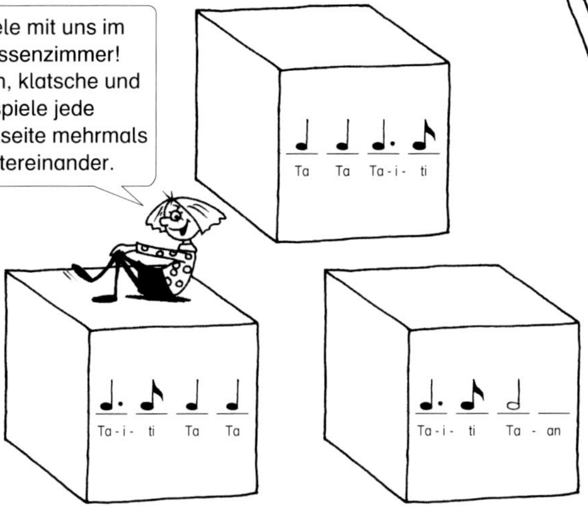

Ta Ta Ta - i - ti

Ta Ta Ti - ti

Ta - i - ti Ta Ta

Ta - i - ti Ta - an

Ta - i - ti Ta Ta

Ta Ti - ti

Ta - i - ti Ta - an

4. Die Punktierung

Things in the classroom

4

Things in the classroom

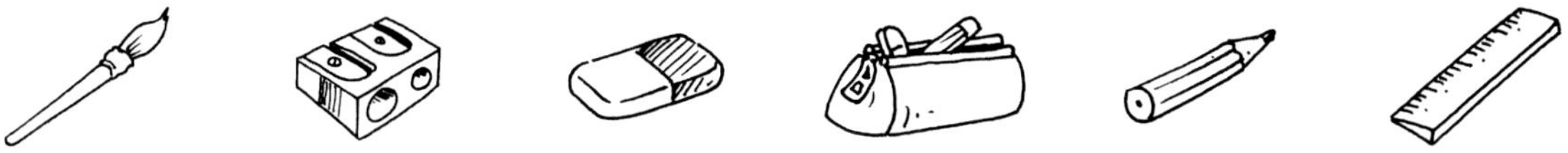

paintbrush | sharpener | rubber | pencilcase | pencil | ruler

Ordne die Wörter den **Würfelseiten** auf diesem Arbeitsblatt zu.
Achte dabei auf die Silben der Wörter. Was passt zum Takt der Würfelseite?
Sprich den Vers unten und setze dabei die Wörter ein.
Schreibe dann die Wörter in die passende Sprechblase.

pencil
rubber
paintbrush
ruler

Where is your ____________?
On the desk or on the ta - ble?
No, it's in my school - bag.

pencilcase
sharpener

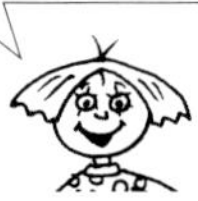

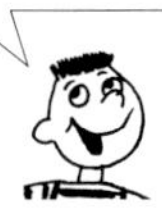

79

6. Quellenverzeichnis

Happy Birthday
Musik: Mildred J. Hill
Text: Patty Smith Hill
© Musik: Mildred J. Hill, Text: Patty Smith Hill

For He's a Jolly Good Fellow
Englisches Volkslied